会社にいながら年収3000万を実現する

—「10万円起業」で金持ちになる方法—

和田秀樹

祥伝社黄金文庫

まえがき

「なぜあなたはそんなに仕事をするのか?」とよく聞かれる。

確かに、医者をやりながら、「受験生向け通信教育」と「心理学ビジネス」の二つのベンチャー企業を経営し、その傍《かたわ》らで、ここ数年は年間五〇冊以上の本を出すことになりそうだ。雑誌の連載や講演などを含めて、本当に忙しい。

それだけでは足りずに、私はほかに儲《もう》かりそうなことがあれば、さらにチャレンジしてみたいと思っている。これはおいしい、これは流行《はや》る、と思えば食べ物屋を始めるかもしれないし、自分の思いつきを試そうと、発明まがいのこともするかもしれない。

私はこれまでの人生でおびただしい数のトライアルをしてきて、成功したものは数えるほどしかないが、それが一つでもあるから、普通に勤務医を続けているよりははるかに多くの収入と能力を身につけたのだ。

しかし、これは誰にも言えることで、挑戦する姿勢さえあれば、年収三〇〇〇万はけっして夢の数字ではない。

たとえば、私の友人の車のセールスマンは、車以外の宝石、家なども他の業者を紹介して顧客《こきゃく》に売っている。成約《せいやく》すると、紹介した業者から売上の何%かのマージンが入るのだが、この副業だけで、コンスタントに年収一〇〇〇万を稼ぐ。

また、別の知人はサラリーマンを続けながら、ワンルームマンションを借りて自習室として営業することによって、それだけで年収二〇〇〇万を実現している。立地条件さえ良ければ、月六万で借りた部屋が、自習室として月に四〇万も売り上げる。差し引き三四万円の収入になるわけだが、こうした部屋が五つあれば、月に一七〇万、年間で二〇四〇万の収入になるのだ。

具体的な例を挙げてみたが、私が言いたいのは、今の暮らし、収入、自分の立場に不満、不安を感じているなら、自分でも稼ぐ道を見つけたほうがいいということだ。

確かに私はこれまで勉強法の本などで、自分が会社で生き延びるためには能力を磨《みが》くしかないと訴えてきたが、それ以上の収入を得たければ、会社にいながら、自分の頭で思いついたことを実行するしかない。頭がよくなっても、行動を起こさなければ、お金には直結しないのだ。

現に私の周りの元秀才たち、あるいは現在も素晴らしい頭脳の持ち主の人たちでも必ずしもお金に恵まれているわけではない。

しかし、何らかのタネをまき、何らかの行動を起こせば、いつか何かが当たるかもしれないというのが現代社会だし、会社勤めの人間の副業も、以前と比べればはるかに許されるようになってきている。

だからこそ、会社に居続けることによって、生活と起業の資金を維持し、小さなお金で起業に挑戦するチャンスなのだ。会社を辞めて、借金してまで起業して、一発勝負をするのは愚《ぐ》の骨頂《こっちょう》である。一発勝負が当たるほど、世の中は甘くない。逆に「会社にいるからこそ」、成功の芽は、より見つけやすくなるのだ。

年収三〇〇〇万になっても人生を楽しむというのも一つの生き方かもしれないが、年収三〇〇〇万を目指して行動することは、けっして無謀《むぼう》な挑戦ではない。具体的な行動を起こして、試し続けるしつこさがあれば、ギャンブルや宝くじよりははるかに高い確率で実現するはずだ。

私は、こんな時代でも夢を捨てないあなたのために、ベンチャー起業家としての経験、知識をこの本で余《あま》すところなく開示した。大きな開業資金がなくても、私がやってきた小資本ビジネスなら、誰にでも金持ちになるチャンスは絶対ある。

自分を信じて、ぜひ行動を起こしてほしい。何か一つでもうまくいくことがあれば、著者として幸甚《こうじん》この上ない。

和田《わだ》秀樹《ひでき》

目次

2章　私の「金儲け哲学」を披露する

――人と違うことを愚直《ぐちょく》にやれば必ず儲かる……49

3章　デフレ時代こそチャンス……99
——「小資本ビジネス」で金儲けするヒント

4章 「理系発想＝試行力」で成功をつかむ――再起不能にならないための技術……133

5章　サラリーマンをやりながら、ビジネスチャンスを見つけ、育てる……173

――誰でも実践できるマル秘アイデア集

6章 協力者が集まる「人間関係術」
――頭を下げて、うまく甘えるヤツが成功する……199

1章

不況でも、サラリーマンでも、儲けてるヤツは確実にいる

〝あきらめない人間〟だけが年収三〇〇〇万を実現する

「年収三〇〇〇万」は無謀な数字ではない

この本のタイトルで謳《うた》っている「年収三〇〇〇万円」という数字を見て、「また和田が誇大《こだい》なことを言っている」、「こんな本、インチキでとても買えない」と思う人もいるかもしれない。ケンカを売るつもりはないが、私に言わせれば、そう思っている時点で「一生その給料に甘んじるだけ。この先はもっと減っていくよ」ということになる。

もっとも、そう思った人は本書を手に取らないだろうから、この数字のリアリティや、私の真意に接することがないのは残念なことだ。

自分で何かビジネスを始めたとき、年収（もちろん年商ではない）三〇〇〇万円というのは、ひとつの目標値だが、決して無謀な数字ではない。

先日の朝、フジテレビの情報番組「めざましテレビ」を見ていたら、人気コーナー「きょうのわんこ」の舞台は、東京・神田《かんだ》のお弁当屋さんだった。

子供たちは「きょうのワンちゃん、可愛いね」などとご満悦だったのだけれど、私がびっくりしたのは、間口《まぐち》二間《けん》ほどの小さなお店なのに、昼になると、お客が大挙してやってくることだった。

「一時間に四〇〇人もお客さんが来るから、ワンちゃんも大忙しなんです」と言うのである。ふと、四〇〇人でいくらになるのだろうと計算した。

四〇〇円の弁当に一〇〇円のお茶を買っていったとして、客単価が五〇〇円。一時間に二〇万円の売上になっているのかと感心した。ピークの時間は、お昼と夕方で二時間くらいしかないにしても、一日の売上は五〇万円くらいだろうかと想像しながら見ていたわけだ。

そこはフランチャイズ・チェーンのお弁当屋さんだったのだが、立地条件がよければこんなに売れるのかと驚いた。週に二五〇万、月では一〇〇〇万にもなる。家賃は三〇万円もしないだろうとか、アルバイトを雇うのは五人までで済みそうだ、フランチャイズ料は一般的に売上の五％ぐらいのはずだ、などと推測を重ねていくと、やはり月に二〇〇～三〇〇万円が残る計算になる。

こういった番組をちょっと見て、アタマの中でささっと計算すると「ああ、年収三〇〇〇万円の方法にはこれもありか」と思えてくる。年収三〇〇〇万円がほど遠いと思っている人も少なくないだろうが、具体的に考えてみると、決して無謀な数字ではなくて、意外に現実的な金額に見えてくるものだ。

奥さんも、パートより自分で何か始めたほうがいい

たとえ三〇〇〇万円にはるか届かなくても、年収に一二〇万円プラスして、月に一〇万円ほど手取りが増えるというだけでも、今の時代、非常に大きいはずである。

私が言いたいのは、三〇〇〇万円を目標値にしてみると、「毎月一〇万円が余計に入ってくる方法を考えよう、探せば必ずあるはずだ」と考えるようになるということだ。しかも、さまざまなことに手を広げてみると、何が当たるかわからない今、大きく化ける可能性がある。これは後の章で、具体的なアイデアを示すつもりだ。

さらに今、共稼ぎが当たり前の時代になったということも、私は、一つのチャンスだと思っている。世帯主の給料が上がらないから、奥さんがパートで働くというケースは非常に多いはずだ。

だが奥さんの収入を補助的なもの、いわゆるオマケ的に考えるのだったら、パートに出すよりは、副業なり新規ビジネスなり、いろんなことにチャレンジさせたほうがいいと思

う。パートを何年も続けていても給料は大して変わらない。正社員並みの責任を求められることはあっても、それに見合う待遇《たいぐう》にはしてもらえない。

それよりも、自分で何かをやっていれば、もしかしたら化けるかもしれない。奥さんが大黒柱《だいこくばしら》で、収入の過半を頼っているのでもなければ、ローリスクでハイリターンなことに、あれこれとチャレンジできるのである。

こうしたことも含めて「縮こまって生きていくだけではない、やってみる価値があることはいろいろある」と、私は強く主張したいのだ。

ほとんどの業界で、給料はどんどん下がっているわけだから、とりあえず月に五万円でも一〇万円でも副収入で稼げれば万々歳、生活も考え方も全然違ってくるはずだ。それだけ可処分所得が増えれば、サラリーマンは嬉《うれ》しくないはずがない。

毎月の小遣いくらいの金額でも、これならモノになりそうだと思ったことをまず実際にやってみることだ。収入が減ることを、不況のせいとあきらめないことから、年収三〇〇〇万円への道は始まるのだ。

不況だからと、唯々諾々《いいだくだく》と受け入れていないか

マスメディアなどでは、ひところより景気がよくなってきたと言っているようだが、好景気だと実感している人はどのくらいいるのだろうか。実際、株価は上がっても所得が増えているのは一部の人で、多くの人にとっては、まだまだ「景気が悪い」のが本音だと思う。

確かにリストラの話題もいまだに日常茶飯《さはん》で見聞きするし、トヨタですらベアが0というありさまで、給料が上がらないのも当たり前だと誰もが思っている。けれども私には「不景気だから」のひとことで、みんなが一様にあきらめてしまっているようにしか思えないのだ。

たとえば地方と東京とを比べると、大変な違いがある。福岡など例外的な街を除くと、ほとんどの地方は誰も彼もがひどくシュンとしているように見える。一方、東京にいると、誰かが凹《へこ》めば誰かが儲《もう》かるように思えるのだ。

これは、私だけがそう感じているのではなく、クラブなど水商売の経営者もやはり同じ

ように言っているから、一面の真理を言い当てているのだと思う。

つまり「世の中全体」が一様にダメなのではない。何人かが損をしているところには必ず儲けているやつがいる――こう考えてみることだ。損をしている人が大勢いるからみんなダメ、自分もダメなのではなく、その近くには必ずうまくやっている人間がいる。まずこのことを、しっかりと念頭に置いておこう。

一例を挙げると、ひところ「目ン玉売れ、腎臓《じんぞう》売れ」と返済を迫った商工ローン（中小商工業者向けの金融業者）が問題になった。会社の経営環境がどんどん厳しくなっていく中でのできごとだったから、「やはり不景気なんだ」、「大変な時代になったものだ」と、多くの人が感じたはずだ。本来なら、これだけ低金利の時代なのだから、年利三〇％近いような、商工ローンが儲かるはずはない。

ところが、政府は金融緩和《かんわ》を叫んだだけで、現実には量的な緩和にならなかったから、高金利でも借り手がドッとついてしまった。その結果、借り手の会社がうまくいかないとき、取り立てが問題になったのだ。

低金利の時代は貸し手から見ると、資金の調達コストが安い。少ない金で多くの金を得ることができるのだ。結果として、高金利の商工ローンが大儲けすることになったのである。

不景気でも儲けている人はいる証拠

念のため申し添えておくと、私は、誰かを損させて自分だけ儲けることを勧めているのではない。「景気が悪いから」と理由を見つけてあきらめてしまうのではなく、知恵を使えば金は必ず稼げるということを言いたいのだ。

現実に、どんな時代でも必ずうまく金を稼いでいる人がいる。ITバブルのころは、まだ二〇代で毎日ロマネ・コンティを開けるような連中が、それこそボカスカ現われた。少しパソコンがいじれて、パソコンやインターネットを使った事業計画をブチ上げると資金が集まった。社長にしてもらってバンと株を売ったら、創業者利得《りとく》で何十億という金が入ってきたわけだ。

不況でモノが売れないといわれながら、一〇〇万円前後した頃でも大型の液晶テレビやプラズマディスプレイはよく売れていた。日産のフェアレディZは、プレミア価格がつくほどの人気を呼んだ。東京・銀座や青山などに行くと、海外の高級ブランドが次々に出店している。これらはすべて、景気が悪い悪いといわれながらも、確実に儲けている人間がいる証拠である。

日本全体が、「不景気だから」という、あらかじめ用意された言い訳を受け入れてはいないだろうか。しかし「不景気だから仕方がない」、「どうせダメだろう」と下を向いてしまうのは間違いだ。

不景気を逆手《さかて》にとって儲けている人がいることを理解していただきたい。それができないのは知恵が足りないのだ。その意味で、本当に世の中は「捨てる神あれば拾う神あり」という、ことわざ通りなのである。

なぜ株は、不景気のとき儲かるのか

株で信用取引をする人は、よく「一番儲かるのは、買いよりも売り」と言う。これは暴落のほうがはるかに市場を作りやすいからだ。

株の価格はみんなが買えば上がる。つまり株価を上げて儲けようと思えば、まず買わなければならないから膨大《ぼうだい》な資金が必要になる。バブル期のような「もう絶対上がるはずだ）という夢遊病のような相場がないかぎりなかなか大きな儲けにならない（もちろん、村上ファンドや不正が明らかになる前のライブドアのように、噂の力で株価を上げる実力者もいるが)。

一方、売って儲けようとするなら、証券会社から株を借りて空《から》売りをかける。買い支えようとする相手がいても、資金が続かなくなった時点で暴落するということだ。期待通りに値下がりしたところで、買い戻すことで利益が得られるのである。

一般的にいって、不景気はパニック心理を呼びやすい。売り込まれて、株価がにわかに下がり始めると、不安に駆られた人たちが追随《ついずい》してさらに下がる。ちょっとパニック心理をくすぐられると、ドカンと下がるのだ。

不景気が続けば、銀行や証券会社など金融業界はみんなダメになるだろう、と言われ続けてきたけれども、むしろ投資家は悪いときを狙って儲けてくる。ハゲタカファンドと呼ばれた欧米の連中などは、その最たるものだ。金融機関の中でも銀行はおしなべて元気がなかった時期でも、証券会社は生き残っていた。もっともこれは、銀行に知恵がなかったのではなく、不良債権という重荷が原因だったのだろうが。

さらには個人で株取引をする人にとっては、インターネット・トレーディングが常識だ。手数料を薄くしても売買の回数が激増し、ネット上で個人の顧客に特化した松井《まつい》証券などは元気がいい。

やはり景気が悪いから儲からない、儲けられないというのは嘘なのだ。

しかも現代は、サラリーマンでも小資本でも、そのチャンスがある。むしろサラリーマンで小資本のほうが、より低いリスクで成功をねらえるのだ。

カレー屋が〝ライス〟より〝ナン〟を選ぶ本当の理由

身近な例を挙げよう。今、景気が悪くて財布のひもが固くなっている。とはいえ、どんな時代も飲食店の需要《じゅよう》はあるのだから、安くすれば繁盛《はんじょう》するはずだと考えたとしよう。安く売れる食べ物とは何か、利益率や採算分岐点から、どのくらい安くできるか検討するだろう。

讃岐《さぬき》うどんだと二〇〇円でも十分利益が上がる。「昼食が二〇〇円ですむのなら、価格競争力があるはずだ」と判断すれば、讃岐うどんのチェーンを始めるという発想が成り立つ。

私の知人は、カレー店を開いたのだが、インド式に、ライスではなくナンでカレーを食べさせる店にした。

その理由が簡単で、ナンは世界で一番安くできるパンらしいのだ。材料や作り方が簡単で、大がかりな設備もいらないのか、他のパンに比べたら圧倒的に安いというのである。

もちろん米を炊くより安い。

それでいて、ナンでカレーを食べさせる店は、本格的ということで普通のカレー店より高く取れる。つまり原価は安いけれども、メニューは高く設定できるのだ。

しかもインド人を使うことで、人件費を抑えているのである。ところが、これまでインド人を雇っているような店は高級店で高かったものだから、これまた世間はそのイメージで見てくれるわけだ。

ただやみくもに値下げ競争に走るのではなく、安くするなら安くするで、頭を使えということだ。単純に安い食事を提供するだけではなく、原価を下げる方法や、価格が下がっても高級に見せる方法を考えたりして、今の時代にもしっかりと利益を上げている人が大勢いるのである。

さらによく考えてみると、インド人を雇ってカレー屋をやるのなら、あえて自分は店にいなくてもいいわけだから、サラリーマンをやりながらでもできるわけだ。また讃岐うどんなら、ラーメンと比べるとずっと簡単だろう。ダシはほぼ決まっているし、あとはうどんの麺《めん》と茹《ゆ》で加減だけの問題だから、麺の仕入れ先と茹で時間だけをマニュアル化しておけば、奥さんにやらせることもできるだろう。現に両者とも本業のある人が実際にやっている小ビジネスである。

と、こう書いてくると「ムリだ」、「そんな甘いものではない」などと反論する人もいるかもしれない。だが、大切なのは「可能性」や「できそうな理由」を、まず発見することだ。知恵は、できない理由を考えてアイデアを潰《つぶ》すためにあるのではなく、実現の障害になりそうな問題を解決するために使うのである。

会社は絶対に辞めるな、しぶとく居座れ

読者の中には、すでにリストラに遭《あ》ったりして、会社を辞めてしまっている人もいるかもしれない。だが、もし「もう辞めて独立してやらぁ」と啖呵《たんか》を切る前であるなら、「そこはなんとか我慢して会社にいなさい」と、私は言いたい。

希望退職を募《つの》ることはあっても、解雇《かいこ》は滅多にないのが日本社会だ。とりあえず本当にクビになるまではがんばって居座り、割増《わりまし》退職金をもらえば、その分、事業資金にもなる。毎月給料をもらっていればこそ、芽が出るまで事業のアイデアを試したり、月に五万円でも一〇万円でも投資ができるわけで、やはりそこはしぶとさが必要だ。

「どうせ辞めてやる」と思っていろいろなことを試しているのなら、「給料泥棒」などと言われても開き直っていればいい。「いつか儲かればいいんだ」と思っているかぎりにおいては聞き流せるのではないだろうか。

今までの企業の中ではサラリーマンで副業をしている人は、明らかに異端《いたん》だった。その評価も極端に二分されていた。ひとつはものすごく仕事ができる有能なタイプ。そしてもう一方は、会社では徹頭徹尾《てっとうてつび》、昼行灯《ひるあんどん》で窓際《まどぎわ》族なのだけれども、「本当はおれは裏で儲けているんだ」という余裕があるからか、「やる気がない」、「給料泥棒」などとボロクソに言われながらも、耐えてしぶとく会社に残るタイプだ。

何の背景も後ろ盾《だて》もなく、ただボロクソに言われているのはつらいけれども、自分の事業なり副業があると、やはり、しぶとさも増すものなのだ。

リストラが本格的だったもっと不景気がひどかった頃でも、日本では外国ほどドラスティックにクビを切っていなかった。中高年の自殺も社会問題となって、最近は、政府もあまりクビを切ることを推奨しなくなってきている。

中高年に解雇の圧力がかかっているのは事実だろう。若い人に比べて、パソコンや英語などのスキルは見劣りするし、そのくせ給料は高い。だが、終身雇用に染まって会社に忠誠を尽くし、社内だけに目を向けて暮らしてきた人を放り出せないのも当然だ。一方的に解雇されることは、実際にはほとんどないのである。

会社が希望退職を募ったとしても、それに軽々に応じないほうがいい。多少給料が下がることは覚悟しなければならないだろうが、会社で窓際に左遷《させん》されて仕事がおもしろくなくても、その分だけ副業がおもしろくなればそれでいい、と発想しよう。

「ハイリスク、ハイリターン」の無謀な賭けをしてはいけない

私がこの本で勧めようとしているのは、とりあえず小資本（少ないお金）で、投じる時間も限られている中で、頭を使って儲けようということである。派手な金儲けをするため

に、人生を一発逆転にかけて、会社も辞めてハイリスク・ハイリターンのことをやれ、と無謀な挑戦を鼓舞《こぶ》しているわけではない。

始めた副業の種類と進め方によっては年商一〇〇万円にしかならない人もいれば、会社が辞められるぐらい、年商三〇〇〇万円になる人もいるだろう。だが、いずれにしても今より収入はよくなる。

当然のことながら、いざ会社が倒産した、会社をクビになったというピンチのときに、副業や自分で手がけている事業があれば、そこから収入が上がってくる。それがたとえ、サラリーマンのときにもらっている給料の半分であっても、いきなりゼロになるよりもずっと〝軟着陸〟が可能になる。そのときの下地であり、保険にもなるわけだ。

リストラや倒産の危機なんてすぐには迫っていないように思えても（ほとんどの人がそう考えているはずだ）、ボーナスもどんどん渋くなって、一生懸命働いても給料はそんなに上がらない。だからこそ、世の中が不景気なのだと納得してしまうのだろう。

そういう時代に、生活を縮小するのか、それとも「これじゃやってられない」と思って、副業でいいから稼ごうと思うか、どちらを選ぶのかということなのだ。

もちろん、収入に応じて、身の丈《たけ》にあった暮らしを選ぶという人がいてもいい。

けれども、そういった縮小均衡型の生活をするべきだ、それなりの人生の楽しみを見つけるべきだという考え方が、社会的な常識になってしまうことに、私は危惧《きぐ》を抱いている。

「これからの日本は二極分化が進む」と、既定事実のように語られているが、収入に合わせて縮小した暮らしは、子供達への教育費も限られてくるから、代を重ねるほど階層が固定化してしまう。現に「下流社会」などということばも使われている。

そしてこの生き方をみんながすると、確実に消費が縮小するので、日本社会の活力という意味からも、これは由々《ゆゆ》しき事態だろう。「つつましやかな暮らし」のマイナス面にも目を向けると、「不景気だから」、「低成長の時代だから」と唯々諾々《いいだくだく》と受け入れることの危うさがおわかりいただけると思う。

「三分の一ずつ」なら、三回まで挑戦できる

私が、会社を辞めずに副業として始めることを勧めるのは、小資本で、極力リスクをとらずに金を稼ぐことが、今、大切だと考えているからだ。

不景気な時期であるからこそ、ベンチャー企業を起こすにしても、絶対に全財産を失うような大勝負はするべきではない。ましてや借金をしてまでするものではないと、私は思っている。

というのも、バブル期の不動産投資のように、何が当たるかわかっている時代なら、確実に儲かる物件に資金を注《つ》ぎ込むという方法もあっただろう。けれども今は、何が当たるかわからない時代である。構想数年、満を持《じ》してスタートした事業より、臨機応変《りんきおうへん》に新機軸を打ち出すほうがヒットしたりする。

つまり、少しでもチャンスの回数を増やすことが大切なのだ。目指すべきは、打席が一番多く回ってくる一番打者であり、イチローのようなアベレージ・ヒッターである。

日本マクドナルドを、わずか一〇年で外食産業のナンバーワン企業に育てたカリスマ的経営者の故藤田田《ふじたでん》氏は、いみじくも「全財産の三分の一を使ってベンチャーをやりなさい」と言っている。

つまり、このやり方なら三回までチャレンジができるということだ。一回目の挑戦で失敗したら、なぜ儲からなかったかさすがに反省するはずだ。二回目はその点を踏まえた改良版を試すことができる。それも不首尾《ふしゅび》に終わったら、さらなる改良版を考えるか、まったく目先の違ったことをやるか。いずれにせよ、もう一度チャンスがあることになる。

　仮に同じビジネスで三回改良してもダメだったのなら、その事業に芽がなかったということだ。それでも経験という果実を得ることはできたわけだし、たとえ蓄えをすべて失ったにせよ、借金さえ残らなければ、また金を貯めたらチャレンジできるのだ。

リスクを取らずにセコセコと金儲けしよう

　借金までしてやるのは、ある程度、軌道《きどう》に乗ってからということだ。

ただ、今の時代、本当に儲かる仕事が軌道に乗ってしまえば、借金なんてする必要はまったくない。株式を公開できるからだ。

　銀行から借りる金は、元をただせば預金者のものだ。これを銀行が間に入って集め、貸し出すから「間接金融」という。一方、株式を公開するのは、出資者から直接金を集めるわけだからこれを「直接金融」という。

　以前は銀行一辺倒《いっぺんとう》だったのだが、近年、この直接金融という非常に便利なシステムが一般化してきた。「そこそこ儲かっているぞ」という噂だけで何億という金が入ってくる時代なのである。

株式の公開により、直接金融で集めた金は、出したほうからすると投資である。「儲かりそうだ」という判断の下《もと》、リスクを引き受けて出した金だ。無責任なようだが、返さなくてもいいのだ。

一方、銀行などで金を借りると、これは失敗しようが何だろうが、必ず返さなければならない。つまり改良版で二回目のチャレンジをしようとしても、まず借金を返し続けなければならないから、これは簡単なことではない。

そういう意味では、直接金融が広がってきた現代は、自分で始めたビジネスを大きく伸ばすことも容易《ようい》になったと言っていい。借金をする必要などさらさらないのだ。

だからといって、今の世の中が甘いわけではない。起業さえすれば儲かるわけでも、資金が集まるわけでも、断じてない。ただそれは、「景気が悪いから甘くない」のではなく、「思いつきが必ず成功する」と信じているような、バカげた安直《あんちょく》な考えではダメだという意味である。

私が勧めたいのは、リスクを取らないでとりあえずセコセコと金儲けすることである。一発勝負のギャンブルではなく、むしろ「持っていれば当たる確率がまったくないとは言えない」宝くじ的な考えのほうがいい。

だからこそ、可能性があるとにらんだビジネスには、自分の金で手を出しておくという姿勢が大切なのである。虎《とら》の子《こ》の貯金でなら真剣に取り組むはずだし、どんな結果であっても「授業料」になるのだから、有意義な金の使い方になる。

先に述べたように、現代は、何が当たるかわからない時代である。構想や準備に時間や費用をかけすぎるのは意味がないが、「ヘタな鉄砲も数打ちゃ当たる」を借金で行なうようなバカなことも、絶対に避けなければならない。

今私が始めようとしている事業の一端

私自身、いろいろな新規事業に手を出しているが、すべて無借金経営である。

五年ほど前に設立した「ヒデキ・ワダ・インスティテュート」は、心理学を、ビジネスに活かす方法を提案する会社だ。私が精神科医として学び、トレーニングを受けてきた心理学を、実際に「使う」ことを目的としている。

多くの方から「アイデアがおもしろいね」と言ってもらっているのだが、現状では大きな金額を生み出すにいたっているわけではない。

それでも、それほど多くの資本投下をせず、事務所の家賃と、何人かのカウンセラーや心理学者、事務所スタッフを抱えても、自分の講演料による収入でまかなえる範囲なので、非常に低いリスクで運営している。

実際に私が何をしているのか、しようとしているのか、手がけている内容の一端《いったん》をご紹介しよう。

まず第一は、心理学を使ったマーケティングとマネジメントのアドバイジングである。「モノが売れない」といわれ、史上類例のない情報化社会の現代における、顧客心理の読み方や、戦略を示していく。心理学とは脳のソフトウェアを解明する学問だから、その成果を応用していこうと考えているのだ。

二番目は、いわゆる社員向けの能力開発である。一般の社会人に向けてこれからの社会に必要な能力の開発や、中高年や高齢者がボケないためにどうすればいいかを、認知心理学や教育心理学の理論を応用して提案していく。ベストセラーになった『大人のための勉強法』などの著述《ちよじゆつ》があるおかげで、社員研修やセミナーの受注が多く、売上的にはここがいちばん出ている。

三つ目は、インターネット・カウンセリング事業。正直なところ、IT関連は「ちょっと終わっているかな」と思っているのだが、それでもブームにならないとは限らないから置いてある。事務所スタッフと臨床心理士がいて、ほかの仕事とともに手がけているので維持費がかからない上に、今は携帯バージョンなどを企画中なので当たれば大きいかもしれない。

四つ目が、数年前に始めた転職予備校だ。これは残念ながら、さっぱりお客さんがつかなった。転職のために金を出して勉強しようという人が少ないことを知っただけでも勉強になったと思っている。

そして五つ目に始めた事業が、企業経営者を顧客にした会員組織である。いわゆる社長さん相手に、エグゼクティブ・カウンセリングや健康問題の相談、子弟《してい》の教育の相談や、老いた親の介護《かいご》問題にも相談に乗る。これには、私がアメリカで学んできたエグゼクティブ向けの精神分析の他に、学生時代から手がけてきた受験教育産業のノウハウや、日本に三つしかない老人専門病院で積んだ経験から、知人の医師まですべて動員できるという強みがある。これは少しずつ軌道に乗り始めている。そして、最近は携帯電話を使ってストレスや意欲や生活をチェックできるソフトを開発して、教育事業相手のビジネスも開始した。この引き合いはかなり多い。

どの事業も、将来性のある事業だと思うから始めたわけだけれども、残念ながら、たちまち売上が伸びて大きなヒット商品が出ている、というわけではない。

だが、自分の講演料が少々高いおかげで、その範囲内で回すようにしているから、注目を集める時期を待てるのだ。同業他社もないので、ビジネスとして知られるまでに少し時間がかかるかもしれないが、その分、ヒットすれば大きいわけである。現にそのいくつかが最近やっと売り上げが立ってきた。

私が「やってみないとわからない」を実感した出来事

思いつきが成功するなんて馬鹿げたことを考えてはいけないが、何がブレイクするかわからないというのも事実だ。

言葉は悪いが、いろんな餌《えさ》だけ撒《ま》いて待っているというビジネスは少なくない。それこそインターネットにホームページが置いてあるだけだったのに、ある日突然、新聞記事やネット上で評判になって、ぞくぞくとお客が来ることだってある。

私が言いたいのは「まず始めてみること」だ。そこで初めてわかってくること、体験できることがたくさんあるからだ。

先に挙げた私の事業にしても、説明しているとたくさんの人から「なるほど、それは大きな可能性がありますね」、「儲かりそうですね」とか、「和田さんの名前だったら、すぐに客が来るでしょう」などと言われる。

一時期ちょっと自惚《うぬぼ》れていた時期もあったけれども、やってみて初めてわかることが、本当に次から次へと出てくるのだ。

たとえば、企業向けの能力開発セミナーの価格設定について、こんなことがあった。

一日八時間、私がぴったりと付きっきりで研修をして、夜も居残って泊まり込むようなセミナーだった。テキストもつけて、アシスタントを三人もつけて、しかも体験セミナーまで盛り込んだ至れり尽くせりのものだ。

これに二〇〇万円の値段を付けたら、買ってくれるのは中小企業だけ。大企業はまったく買ってくれなかった。なぜこの値段を付けたかというと、そのころ私の講演料が九〇分で七〇万円ほどだったのだが、『大人のための勉強法』など、一般の社会人に向けての能力開発の本を出したこともあって、企業からも講演の依頼がたくさんきていたからだ。

企業向けセミナーは、それよりもはるかに緻密《ちみつ》で、内容も充実しているという自負がある。時間もはるかに長く、アシスタントもつくのだから二〇〇万円はむしろサービス価格だと考えたのである。だが、大企業の人事部の持っている研修予算からは大きくはみ出していたのだ。

そうすると、私は研修に出ていかないけれども魅力的な能力開発プログラムを、五〇万円で作っていく必要がある、ということがわかる。

事前にリサーチしてみればわかったことなのだろうが、事業を始めてみるとこうしたことがしばしば起きる。

「和田さんが一日ついて、二〇〇万円だったら安いですよね」と言ってくれる人はたくさんいるのに、現実には、その金額で売れない。実践してみないとわからないということが、すごく多いのである。

もっとも今まで、こういう心理学を応用した能力開発の研修はなかったわけだから、費用対効果の面から認められれば、大企業の研修予算の付け方も変わるだろう。実際に、社長が自分で決済できる中小企業やオーナー企業では、二〇〇万円で安いと買ってくれているし、終わった後の満足度も高い。企業が人事研修の予算を増やしたとたんに、依頼がくるかもしれない。

その意味からも、「やってみないとわからない」という不確定要素が多いのだ。

「いつ何が売れるかわからない」から続ける

何かをやっていると、また新しいアイデアが出てくる。

「ヒデキ・ワダ・インスティテュート」を始めるまでは、転職予備校にしても、企業経営者の会員組織にしても、思ってもみなかったことだ。

転職予備校は、能力開発そのものを思ったほど企業が買ってくれなかったことがきっかけになった。「それなら個人に買ってもらおう」という発想からスタートしたのである（結果的に個人も買ってくれないことがわかったのが勉強になったが）。

企業経営者の会員組織、社長さんの会を始めようと思ったのも、「ヒデキ・ワダ・インスティテュート」の研修を買ってくれるのが、中小企業やオーナー企業だということに気がついたからだ。大企業の人事部は研修にかける金を持っていないけれども、利益を出している元気な中小企業はたくさんある。

そのことがわかったから、「じゃあ、その社長さんにとって、いちばんニーズがあるのは何だろう」と考えていくと、先に挙げたようなアイデアが生まれた。つまり、心と身体ともどもの健康相談から、子弟の教育、介護問題への相談など、医師や教育研究家ならではの経験や立場を活かしながら、包括的にきちんとやってあげれば、需要は大きいのではないかと考えたわけだ。

ただ、先にも触れたように、まだ大きな利益を出すには至っていない。私がもう少し自惚れた人間だったなら、「おれのこんないいアイデアでさえ売れない時代なんだから、もうダメだ」と思って、さっさと会社を閉じてしまおうと思うかもしれない。

だが私は、「また新しいアイデアが出てくるかもしれない」と発想するし、時代の波や、私自身のメディアでの露出度なども含め、この先も変化していくさまざまな要素があって、いつ何が売れるかわからないと考えているから続けている。

元気な企業にしばしば中小企業が名を連ねるのは、経営者にしろ社員にしろ、実際に仕事をする中での発想が柔軟だからだ。このことも現代のビジネスの進め方を考える上で、大きなヒントになると思う。

何もしないでいると、現状維持も難しい

従来、会社の設立には株式会社で一〇〇〇万円、有限会社で三〇〇万円が必要だったのだが、二〇〇三年二月一日から、この最低資本金に満たなくても、会社の設立が可能になった。極端な話、資本金は一円でもよい。

中小企業挑戦支援法という法律ができて、サラリーマンや主婦や学生にも、企業活動のハードルが低くなったのだ。これは開業率が四％と廃業率の六％を下回るなど、元気のない日本経済に活力を呼び戻そうという、国の方針の現われである。

一円で株式会社を作れるのは、「事業を営んでいない個人」なので、まさにサラリーマンの創業を支援しているわけだ。

こうした背景はともかく、せっかく一円で株式会社が作れる時代になったのだから、作ってしまったほうがいい。また、一円会社は五年以内に最低資本金を満たすよう増資する必要があったが、二〇〇五年に国会で成立した新会社法の施行以降に設立した場合は、資本金はずっと一円のままでよい、ということになった。

今日始めて、たちまち年収三〇〇〇万円になるという約束はできないけれども、続けていたら、三年後か五年後になるかはわからないけれど、金持ちになれる確率が残っている時代が現代だと思う。

逆に、何もしないでいると現状維持ができる確率も下がっていく。

一〇〇個浮かんだアイデアのうちひとつ当たればいいといった発想で、次から次へといろいろなことを試してみることが重要なのはそのためだ。

最初のうちは期待したようには儲からないかもしれない。それでも、「損さえしなければ」とか「給料から埋められる範囲の損だったら続けられる」くらいの考え方のほうが成功の確率を上げられる。今の時代、何が売れるかわからないからだ。

会社組織を簡単に作ることができるのだから、いろいろなことを実際に試してみることだ。会社だからといって、大金を集めて「絶対に儲かるはずだ」と、一回だけの大バクチに出るのは、現代ではまったくナンセンスなことなのである。

もちろん、利益を上げるために会社を作るのだが、起業しても自分のお金でできる範囲で回していくことが大事だ。余計なリスクを背負わずに、まずは続けていくことが肝心なのだ。

こうして会社を続けていった場合、選択肢は二つある。

ひとつはパブリシティなどでマスコミに盛大に登場して、魅力的に見せた上で株式を公開する。そうして「生き残り資金」をしっかり確保して、企業として成長させて次のステップに進むという道。あるいは、会社そのものを買ってもらうというパターンもありだ。現実に私の会社を買いたいと言ってきた企業もある。

もうひとつは、とりあえずは弱小企業のまま、いろいろなアイデアを試しながら潰《つぶ》れない程度に運営しておいて、様子を見るという方法である。

私の場合、現状では有限会社で弱小企業のまま、色々なアイデアを試している。リスクを少なくして、アイデアが当たるまで待っている状態だが、もし「これだ」という事業の核が見つかれば、資金を集めるために株式会社化、上場ということも、もちろん考えている。

なぜ会社は副業に文句を言わないのか

近年、会社とサラリーマンの関係が、大きく変わってきた。

かつての終身雇用制度では、社員は家族も含めて一生面倒をみてもらえるかわりに、会社に忠誠を尽くすことが求められた。

アルバイトや副業などもってのほか、バレないことが最優先事項だった。発覚すると、叱責《しっせき》やペナルティもあっただろうが、同僚たちからの悪口にも耐えなければならなかった。会社という運命共同体の「裏切り者」だったからだ。

日本が高度経済成長をとげた理由のひとつに、この終身雇用制度があったともてはやされたのだが、今にして見れば、工業時代の頂点に向けて大量生産・大量消費を実現するのに相応《ふさわ》しいシステムだったのだ。

現代は、個々人に向けてよりきめ細やかなサービスを競う時代である。しかもグローバルな競争にさらされ、時代の転換期で長引く不況により会社は体力を消耗《しょうもう》して、社員の面倒など見ていられなくなってきたのである。

一方、パソコンやインターネットが登場して、データ入力やホームページ制作など自宅でできる仕事も増え、副業のハードルは低くなった。インターネット上でマニアックなレコードやグッズなどを売買して、小遣い稼ぎをするくらいは簡単だ。

終身雇用制度も急速に崩れ、運命共同体とはいえなくなった今、会社もあまり副業に文句をいえなくなってきたのである。これはもう「文脈が変わった」といっていいくらいの激変だ。会社の側としても「ずっと保証してやっているのに」とは絶対に言えないわけだから。

むしろ、なんとか副業で儲けてくれて、出ていってくれたほうがありがたいと、会社は思っている可能性がある。

テレビ局が社員に独立を奨励《しょうれい》する目的

たとえば、テレビ局の肩叩きは、そのスタイルを地でいっていると聞く。

というのも、番組制作の現場は、若くて体力と才能のある人間を常に求めているからだ。刻々と変わる気まぐれな視聴者の心をつかもうと、熾烈《しれつ》な競争が繰り広げられているのだから、ヒットが飛ばせないのに長く居座られると困るという、非常にドライな論理で動いている。

番組を演出するディレクターは三〇代、番組の責任者で企画から予算管理までを担当するプロデューサーも四〇代前半で、制作の現場から離れていく。よほどの力量がない限り、あとは営業や事業部、管理部門などの後方部隊に移されるのだ。

テレビ局の社員は高給揃いだから、会社としては、年収一五〇〇万とか二〇〇〇万円の後方部隊を抱えたくない。だからといって、クビにするわけにはいかない。そこで、現場を離れたがらない社員ほど、「独立しないか」と、局長など上司から水を向けられるのだという。

「お前はあれだけ番組を当ててきた人間なんだから、独立してプロダクションを作ったら、うちで買ってやるよ」というわけだ。

「これだけ経験があるのだから大丈夫だ」、「制作の現場を離れては、残業代はつかないし交際費も使えないよ」、「女優さんとも遊べないよ」と畳《たた》み込まれて、仕事の発注を約束してくれれば、一丁やってみるかという気にもなる。制作の第一線で活躍した人なら、やはり独立することを選ぶだろう。

そうやって制作会社を作って、ワンクール（三カ月）間は、番組を確かに買ってもらえる。ワンクールというのは、今はそこで番組の改編期が来るからだ。シリーズものでも、一二回くらいで最終回である。実は、それが試験なのだ。

ここで期待通りの視聴率が取れたならば、次から番組を買ってもらえるけれども、惨敗に終わると、その後は思いっきりダンピングをしなければ仕事が取れなくなったり、倒産の憂《う》き目も待っている。もちろん、それを百も承知で独立しているわけなのだが、だからこそ、視聴者のテレビ離れだの不況だのと言われながらも、テレビ局は元気がいいのだ。

出版社にしても、老舗《しにせ》で中高年を多数抱えているところはパッとしないが、リクルートのように社内ベンチャーが次々現われて、そのまま独立してくれればいいというような会社は、出版不況をものともしない。

つまり、若い人間が集まって活気にあふれていることが繁栄の源泉だと考えている会社、もっと端的に言うと、社内に若い人間だけおいておきたいという風土がある会社は、昔から社内ベンチャー的なことや、副業などをどんどん勧めて、独立させていったのである。うがった見方をすれば、確実に儲けられるような錯覚を持たせて追い出していったと言えなくもないのだが。

終身雇用制度が崩壊した現代は、どんな会社も、それと似た状況になってくるはずだ。

2章

私の「金儲け哲学」を披露する

人と違うことを愚直《ぐちょく》にやれば必ず儲かる

「手に職がない人間はダメだ」というユダヤ人的発想

私の育った家は、言ってみれば「没落した大阪商人」ということになるだろう。

父の実家は農家だから、商売っ気をにおわせるものはまったくない。農家の次男が、大阪に出てきて、カネボウに勤めるサラリーマンになった。昭和二〇年代後半以降の、日本の高度成長期に、農村から都市へと大量に働き手が移動した。その中の一人だったというありきたりの話で、ごく普通の父親である。

私がいちばん影響を受けたのは、母と母方の祖母だったと思う。

母はとにかく「手に職がない人間はダメだ」という、ユダヤ人的な発想だった。お金があっても駄目で、とにかくどんな時代になっても、どこにいても、食べていける生活力がないと駄目だ、と堅く信じていたフシがある。

もともと母の祖父（私の曾《そう》祖父）は、西宮戎《にしのみやえびす》の狛犬《こまいぬ》を作ったりするような、神社仏閣で仕事をする彫刻家で、かなり裕福だったらしい。昔から、神主や僧侶は左団扇《うちわ》と相場が決まっていたようだが、そこからの依頼で石像《せきぞう》を作ったりするのだから、当時としても相当に儲かったようだ。

自分の子ども（私の祖父）も彫刻家にしようと、上野の美校《びこう》（現・東京芸術大学）が開校して間もないころ、大阪から入学させたのだから、確かに裕福だったのだと思う。こうして美校を卒業したのが、母の父親である。だが、結局のところ芸術家としては大成しなかった。

いろいろなことに興味を持って、何にでも手を出してのめり込むタイプだったようで、華道《かどう》や茶道《さどう》は言うにおよばず、調理師の資格まで取ってしまう。けれども、その多才さがあまり金に結びつくことはなく、親の財産を食い潰すような人生を送ったのだった。それを決定的にしたのは、やはり戦争だ。

戦争で家が焼け納屋《なや》に暮らす

戦争で家が焼け、大阪市生野《いくの》区の納屋のようなところに住んでいた。生野区は、在日朝鮮人の多い地域で、「だからアメリカも焼かなかった」という噂もあった。その真偽《しんぎ》のほどは知らないが、この一帯は戦災で燃えなかったのだ。とにかく焼け残った納屋で、母の一家は暮らすことになったのだ。

私が生まれたとき、祖父はもう亡くなっていたが、この母方の実家はよく覚えている。今でいうなら都会のワンルームマンションを横に二つ並べたくらいの広さだろうか。本当に信じられないくらい狭くて長細かった。当然のことながら木造で、もともと物置だった建物が戦災を焼け残ったものだから、古さもボロさも筋金《すじがね》入りだ。

それまで母と家族が住んでいたのは、道頓堀《どうとんぼり》にもほど近い上本町《うえほんまち》というところで、当時の大阪でも街なかで、それなりの広さの家だったという。納屋にしても、もっと郊外にあれば、比較的広い土地に立っていたのだろうが、「物置なのだから多少狭くても近いほうが便利」と考えていたのだろう。

戦後になっても、祖父は相変わらずで、生活力というものがまるでなかった。もとの家も含めて、あるものを全部売るという〝タケノコ生活〟を経て、和裁《わさい》のできた祖母が暮らしを支えていた。母はその姿を見ながら育っているから、「手に職が絶対に必要だ」、「人間はまず生活力だ」と刷《す》り込まれているわけだ。

母方の一族でも、祖母の妹は目端《めはし》が利《き》いた。「いくら戦争で焼けたからといっても、土地がこんなに安いわけはない」といって、土地を買い込んでまったく違う人生を歩むのだ。もちろん、それをしようにも祖父に現金収入がなかったので、それも今思うと不可能だったのだが。

ともあれ、母と母方の祖母が体験した「貧乏への恐怖」が、ことあるごとに私に影響を与えてきたと思う。

「四〇歳昇給《しょうきゅう》停止」の辛《つら》さ

父の勤めていたカネボウは、当時は紡績《ぼうせき》に始まって、化学、食品、製薬など多角的に事業を進めてきた大企業であった。誰もが知っている有名企業といってもいいだろう。そして、現在は、ご存知のとおり実質的に倒産して、会社も分割されて花王石鹸に買い取られた。

では、そこに勤めるサラリーマンは余裕のある暮らしをしていたかというと、これがまったく違う。

昭和四〇年代、若くして社長に就任した伊藤淳二《いとうじゅんじ》という人が、当時としては画期的《かっきてき》な改革をした。四〇歳昇給停止である。伊藤社長は、その後、中曽根康弘《なかそねやすひろ》首相（当時）の肝《きも》いりで、日本航空の会長を務めたことでも知られる名物経営者だ。

だが、父がカネボウでもらってくる給料に頼っていた私の家は、大変なことになった。マンションのローンを抱え、私も弟も私学に通い始めたとたんに、昇給が止められてしまったのだ。中学生だった私にも、会社というのは基本的に人を守ってくれるものではない、と痛いほどわかった。

母も一時期パートに出た。当時は、サラリーマンの妻は専業主婦が当然で、パートで働くことは、一般的な時代ではなかったが、先立つものがないのだから見栄《みえ》をはってはいられない。さらに逼迫《ひっぱく》してくると、裁縫《さいほう》でこつこつと稼いでいる祖母から金を借りた。「捨てる神あれば拾う神あり」で、そのころから和裁は、技術のある人が少なくなって労賃が高くなってきていたのだ。

弟は、祖母の家にほど近い学校に通学していたので、いつも金を借りに行く役目だった。そのたびに、祖母の愚痴《ぐち》を聞かされたと言う。

「だからサラリーマンと結婚するなと、さんざん私は言ってたんや」と、行くたびに繰り返し聞かされたようだ。

こうした環境に影響されたのだろう。私も弟も、サラリーマンになる気などさらさらなかった。会社というものを信用していなかったし、何か資格を取って、自分でできる仕事に就《つ》くのが当然のように思っていた。

徹底したリアリストである母の教え

父の転勤にともなって、私は小学校を六回も転校した。勉強は得意だが運動は苦手、その上に変わり者と見られていたようで、どこへ行っても仲間はずれにされたりいじめられたりした。周囲と適当に協調して、表面だけでもニコニコしておくことができなかったのだ。

私の母からは、「とにかく資格を取れ」、「社会に適応してうまくやっていくのには向いてないから、医者になれ」などと、さんざん聞かされた。弟は数学ができなかったから、「それなら法律の資格を取れ」と徹底的に教え込まれたのだった。

才覚だけでは運、不運もつきまとう。だから「手に職」が必要だ。つまり「食える資格」である。それで食べられなければ「手に職」とはいえない。リアリストの母は、そう確信していた。

医師免許だけで食べられるほど、今どき医者の世界も甘くはないが、それでもたしかに恵まれた立場ではある。結果的に私が医者になって、弟が司法試験に受かったから、世間では出来のいい兄弟ということになるのだろうが、根底にあるのは、やはり貧乏恐怖だ。ましして、私の通っていた灘《なだ》中、灘高の連中は、ほとんどが金持ちの子どもだ。こっちは、サラリーマンの家族で母親がパートに出たり、祖母から裁縫の稼ぎを借金して暮らしているのに、周囲は、その当時から外車や海外旅行も珍しくないような暮らしぶりだったから、その違いがイヤでも目に入ってきた。

今の日本では、働く意思と体力がある限り飢《う》え死にすることはない。しかし、働きづめに働いて、なんとか生活を維持していける家族のすぐ隣に、余裕のある文化的な暮らしをしている人がいる。思春期のころからそれを体験したのだった。

これから世代を追うごとにますます格差が広がっていくと考えると、貧乏は恐怖以外の何物でもない、と私は思う。

映画監督への近道として医者を目指す

高校二年生の時に、毎日ホールという名画座で、藤田敏八《ふじたとしや》監督の『赤い鳥逃げた?』という映画を見た。原田芳雄《はらだよしお》の演じる無頼《ぶらい》な青年が弟分のちんぴら(大門正明《だいもんまさあき》)と、恋人のブルジョア娘(桃井《ももい》かおり)の三人で共同生活していくなかで、屈折《くっせつ》した心情が暴発して事件となる青春映画だ。脚本はジェームス三木《みき》、助監督に長谷川和彦《はせがわかずひこ》と、注目される俊英《しゅんえい》たちが参加していた。乾いた感覚の新しい映画で、ものすごく印象的だった。これを見て「映画を撮りたい」と、痛烈《つうれつ》に思ったのだ。

そのころは、始終《しじゅう》「医者にでもなれ」と言われてる最中だったし、私も漠然と医者になろうかなぁと考えていた。

とはいえ、格別真剣に勉強していたわけではなかったから「どこの大学でも、医学部だったらいいや」ぐらいの感じだったのだが。

私は「映画を撮るためには、医者になるのが近道だ」と考えた。

かつて映画監督になるには、映画会社に助監督の試験を受けて入るという道筋があったのだが、その当時は、ほとんど募集はなくなっていた。唯一、助監督の採用をしていたのは日活《にっかつ》だが、ちょうど募集を止めるとか止めないとかいっていた時代だった。

そもそも会社というものを基本的に信用していない私は、映画を撮りたいからといって映画会社に就職しようとは思わなかった。社員映画監督はいつ撮らせてもらえなくなるかわからない。いつクビが切られるかわからない。

当時の映画青年だったら、たとえば日活の鈴木清順《すずきせいじゅん》が会社とケンカをしてクビになったことや、大島渚《おおしまなぎさ》が松竹《しょうちく》を辞めたいきさつなどは常識だった。映画雑誌には、さんざん書かれていたことだったのである。

一方、自分で映画を作って、いきなり監督としてデビューする動きが生まれていた。私は医者になって、自分で金を貯《た》めて映画を撮ろうと決めた。

当時、ATG（アートシアターギルド）という独立系の制作・配給会社があって、特色のある映画を送り出していた。一〇〇〇万円映画といわれた、いわば六〇〜七〇年代のインディーズ映画だが、大島渚や詩人の寺山修司《てらやましゅうじ》も活躍していた。

つまり、映画館でかかる映画も一〇〇〇万円あれば作れるわけだ。

とりあえず医者になって、一年五〇〇〇万円、二年で一〇〇〇万円貯めて映画を撮ろうと考えたのである。映画を撮って、それが当たればラッキーだし、当たらなかったら、また僻地《へきち》で医者でもやって金を貯めて再挑戦しよう、と思ったのだ。

時給五〇〇〇円のバイトなら、一年で一六〇万円も貯められる

そうはいっても、一刻も早く映画を撮りたい。学生の間では、八ミリフィルムで映画の自主制作もよく行なわれていたが、あわよくば売れる映画を撮りたかった。配給会社は、映画館でかかる映画でないと買ってくれないから、一六ミリで撮らなければならない。

京都府立医大に在学中だった大森一樹《おおもりかずき》は、デビュー作になった映画『暗くなるまで待てない！』を一六〇万円で撮ったという雑誌の記事を読んで、学生時代に一六〇万円を貯めるにはどうすればいいだろうと真剣に考えた。

ふと、東大の医学部に行っていた先輩が、家庭教師の時給が五〇〇〇円だと言っていたことを思い出した。当時、私の小遣いが月に五〇〇〇円くらいだったと思う。それが一時間で稼げるというのだから大変な金額である。それならば時給五〇〇〇円の家庭教師を一回二時間、週六回ほどやれば、週六万円。月に二四万円。半分の一二万円を貯金したら、一六〇万円が一年ちょっとで貯まるじゃないか、という計算をしたわけだ。

東大の医学部だからこの金額なのである。医師免許を得るためだけなら、ムリして東大

に行く必要はないけれども、これだけの時給はありえない。〝受験最強ブランド〟としての価値が五〇〇〇円には含まれているわけだ。母による感化か、リアリズムがしっかり染みついていた私は、とりあえず東大の理Ⅲ合格を目標にした。

その後、暗記数学をはじめ、さまざまなプラグマティックな受験技術を編み出して、最終的に理Ⅲに合格したのだった。

もっとも、医学部に入ってから他の同級生たちに「お前みたいな不純な動機のやつが医学部に一人入るから、真面目に医者をやろうと思っているやつが一人医者になれなくなるんだ」などとさんざん責められたものだ。そして私なりに反省もしたものだ。

今になってみると、そのときに私を責めた連中も、未《いま》だにほとんど実験室にいて、患者に向き合う臨床《りんしょう》はろくにやっていないのだが。

ともあれ映画を撮りたくて医学部に進んだわけだが、少なくとも私は、高校生のときから映画さえ撮れれば貧乏でもいいという発想にはならなかった。奥さんに働いてもらって、自分は創作だけに没頭しようなどとはまったく思わなかった。

やはり根底に、貧乏恐怖があったからである。

週六万円稼いでも生活費は週一〇〇〇円

家庭教師のアルバイトが、金儲け人生のスタートだった。

目論見《もくろみ》通りに週六万円を稼いだのだけれども、本当に映画を真面目《まじめ》に撮ろうと思っていたから、それだけ稼いでもまったく使わなかった。

その後、弟も東大に入って一緒に生活していたのだが、週に六万円稼いでいるのに「一週間一〇〇〇円で暮らそう」などとやっていた。結局、父が単身赴任して、母は大阪を引き払って、三鷹台《みたかだい》に一戸建てを会社が借りてくれた。こうなると私のほうは家賃はかからないわけだから、月にまるまる二四万円が入ってくる。

たしかその当時の大卒初任給が一一万円強だったはずなので、相当に稼いでいた。

だから最初に八ミリの映画を撮ったとき、しっかりそれを使った。大阪にまでロケに行くなど、けっこう贅沢《ぜいたく》な八ミリ映画を作ったのだ。大阪ロケに行くときに、四人ほどのスタッフの旅費は私が出した（宿泊は大阪の家を使ったのだが）。

当時、東大の映画研究会は地味な八ミリ映画しか作ってなくて、五月祭《ごがつさい》などでも客がまったく呼べなかった。自己表現のために映画を作るという人もいるだろうが、私は作った映画を大勢の人に見てもらいたい。だから二年生の五月祭のとき、「こんなことをやっていても駄目だ」と、「東大生が選ぶベストアクトレス」というイベントを企画した。若手女優の人気投票である。東大生にアンケートをとって、選ばれた女優に来てもらったのだ。

このときマスコミの人と知り合いになって、東大の名前は「使える」ことがわかった。「東大生が選んだ」とか「東大生が挑戦」などと打ち上げると、とりあえずマスコミは取り上げてくれるのである。

ならば、と映研を辞め「アイドルプロデュース研究会」というサークルを作った。自分で撮る一六ミリ映画の主演女優が欲しいときに、「和田秀樹監督作品の主演募集オーディション」をしたところで、何人来るかわからない。三人来れば御《おん》の字《じ》で、二人か、一人か、ゼロかもしれない。東大の名前を使ってアイドルプロデュース研究会というサークルで募集しようと目論んだのだ。

武田久美子であてた「アイドルプロデュース研究会」

　このアイドルプロデュース研究会が、かなりマスコミに取り上げられて、東大で最も有名なサークルになった。ちょうど山口百恵《やまぐちももえ》が引退した直後だったので、「第二の百恵をおれたちの手で」と銘《めい》打って、「次のアイドルはホリプロに決めてもらうんじゃなくて俺たちが選ぶんだ」というコンセプトでアイドルコンテストを企画した。

　具体的には、まず、東大生の「アイドルイメージアンケート」を取った。東大生のアンケートを、マスコミが買ってくれるということがわかっていたからだ。「誰の目がいいですか」、「鼻は誰のがいいですか」とか、「理想のバストサイズは」などなど。それを真面目に一六〇〇枚集めたのだ。

　これを当時、若者雑誌の代表格だった『平凡パンチ』に売り込んで、六ページほどの記事で大きく取り上げてもらった。スポーツ紙や情報誌などにも出て、事前に知られていたおかげで、最初から一五〇〇人くらいの応募が来た。アイドルコンテストに出場したいという希望者がこれだけ殺到したのだ。

ただ、このときは優勝者に普通の女子大生を選んだので、大して売れなかった。これが二年生の秋、駒場祭《こまばさい》のときだ。次は絶対に失敗できないと、前回の経験を踏まえて、考えられる限りのアイデアを試すことにした。

こうして翌年の駒場祭では、すでにプロダクションに所属していたが、武田久美子《たけだくみこ》を起用、彼女は一気にメジャーになっていく。

こうした中間過程で、スポンサーのつけ方や、どうプロダクションと折衝《せっしょう》していけばいいか、マスメディアにはどう持ちかければ取り上げられるかといったことを覚えていったのである。

映画の主演女優を作ろうと考えたことが出発点だったのだが、アイドルプロデュース研究会は、学生によるイベントビジネスの走りになった。

金儲けの方法は、基本的に「やってみないとわからない」という経験も、このときに学んだ。というのも、一回目のときはパンフレット代や地方から来る女の子の交通費など、費用が一五〇万円ほどだったので、スポンサーを一五〇万円分だけ集めたのだ。最初は赤字にならなければいいと思っていたのだが、知り合った広告代理店の人から「もう少し高く売れるよ」と教えてもらって、二回目では約三〇〇万円を一社で出してもらうことにも成功した。

それまで学生のビジネスは、ほとんどがパーティと、ツアーが少々というところだったから、マスコミを引き込んだり、スポンサーを付けたりというイベントプロデュースのノウハウを持っているところはなかったと思う。

私たちが先駆けになって、その後、いろいろな学生イベントが雨後《うご》のタケノコのように出てきた。その多くが判で押したように、アイドルプロデュース研究会と同じやり方をしたわけだ。

借金をきっかけに雑誌のライターになる

これをきっかけに、武田久美子で映画を作ろうと思ったのだが、近藤真彦《こんどうまさひこ》主演の『ハイティーン・ブギ』という映画に取られてしまった。それでも私は自分で一六ミリ映画を撮り始めた。家庭教師で稼いだ金も含めて、一〇〇万円以上貯まったからだ。

だが、そこで私は結果的に、映画で借金をこしらえてしまう。一六ミリはプロの領域だから、フィルムも現像《げんぞう》代も安くはない。フィルムを感光《かんこう》させて映像を焼き付けるわけだから、失敗してもビデオのように消去して取り直しはできないわけだ。

怪しげな有象無象《うぞうむぞう》も集まってくるし、カメラを回せば回すほど予算はどんどん膨《ふく》らんで、貯金ではとても追いつかず、半年で一〇〇万円ほどの借金まで背負って頓挫《とんざ》してしまったのだ。家庭教師をこの上さらに相当やってもなかなか厳しいな、と思っていたときに、アイドルプロデュース研究会で知り合った関係で、雑誌の仕事が来た。

集英社の若者雑誌『週刊プレイボーイ』で取材記者（データマン）の仕事をすることになったのだ。週刊誌のライターは、取材先で人に会ったり、下調べをしてデータ原稿を書くデータマンと、誌面になる原稿を決められた文字数で書き上げるアンカーに分かれている。まずはその取材記者から、ライターの仕事をスタートした。

しばらくして小学館《しょうがくかん》の女性誌『Ｃａｎｃａｍ《キャンキャン》』では、自分で取材して、最終的な原稿も書くようになり、いろいろな女子大生のファッションをグラビアで取り上げたりもした。そこで知り合った女の子から聞いた話で、『週刊プレイボーイ』に女子大生の好きなバーなど飲食店情報とか、デートスポットの紹介など、本当にいろいろな記事を書いた。

アイドルプロデュース研究会からはもう引退していたが、女子大生の知り合いはいくらでもいたから、この手の記事はお手の物だった。『Ｃａｎｃａｍ』の名刺で「誌面に出ませんか」といえば、新しく見つけることも容易だった。怪しげなモデルのスカウトではなく、本当に記事になっていたわけだから信用もされた。

当時の『週刊プレイボーイ』は学生でも取材費をふんだんに使わせてくれたので、取材費で彼女たちと飲食できたし、学生としては金回りが相当よかったと思う。実際、取材費のおかげで贅沢な暮らしをしながら、原稿料を借金返済にまわせたのだ。『週刊プレイボーイ』は、週に五～六万円の原稿料だったが、週刊誌だから月にすれば二〇万円以上稼いでいた。三、四年生のころは『Ｃａｎｃａｍ』やそのほかの雑誌での仕事も合わせて、原稿料だけで月に五〇万円くらいになったのだ。

受けた仕事は断らない処世術《しょせい》

ライターの仕事がどんどん増えたのは、必要に応じて女子大生を雑誌に登場させられたからだった。たとえば、かつて女子大生にとって『週刊プレイボーイ』は、エロ本と区別がつかないところがあって、名前が出るなどとんでもないと思われていた。そんな中で私は、女子大生の実名入りインタビューを毎回一〇人必ず取れるなど、必要に応じて学生をマスコミに〝仕出し〟ができた。

『Ｃａｎｃａｍ』やそのほかの雑誌にしても、「横浜・元町《もとまち》に詳しい女子大生」とか「ファッション・センスを自他ともに認める女子大生」など、条件をクリアして短期間に集める必要があったから重宝された。

当時、学生の仕出しをするプロダクションは、おそらく存在しなかったと思う。それまでなかったものを作ると、儲けは大きいのだと実感した。

雑誌の仕事は、すればするほど収入も増える。仕事がないフリをして「何か仕事をくださいよ」と言いながら編集者の間を渡り歩くと、「じゃあかわいそうだから、仕事をやろうか」ということになる。

当時、『週刊プレイボーイ』の編集長は辣腕《らつわん》で鳴らした島地《しまじ》勝彦《かつひこ》さんで、取材費も潤沢《じゅんたく》に使わせてもらっていたから、仕事さえ断らなければ相当にリッチな学生生活ができるとわかった。まぁ、味をしめたといっていい。

逆に、持ちかけられた仕事を、一回でも断ると次から仕事がこなくなる。試験があるからと断ると、もう声をかけてもらえない。編集者からすると「ナマイキだ」と思うのか、仕事をくれなくなってしまうのだ。だから試験期間中も、友人からひたすらノートを借りながらも、ライターの仕事は受けていた。

しかも『週刊プレイボーイ』は四〇人も編集部員がいるから、誰かに嫌われても、贔屓《ひいき》にしてくれる人もいて「この人はダメでも、こっちがあるや」と考えることもできた。こうしたライター稼業を通じて、「受けた仕事は断らない」という処世術を覚えたのだ。

働けば働くほど金になる仕事は魅力的だった。このまま文筆業で食べていこうかと思ったくらいだ。けれども、売れっ子のフリーライターの人が皆、「フリーで一〇〇〇を越すのは大変だよ」と言う。確かに、ある年は年収一〇〇〇万円を突破することもあるだろうが、コンスタントに続けていくのは大変だろう。

よく考えたら私は「医者になったら年収一〇〇〇万円」と聞いて医学部に入ったのである。やはり医者を目指そうと思ったのだった。

医者になったら、たちどころに貧乏になる

ライターで稼いでいても、家庭教師もやめなかった。ライター稼業はいつ仕事がなくなるかわからない、と思っていたからだ。ここが私の貧乏恐怖症哲学といえそうだが、家庭

教師は、試験期間中は堂々と休めるのもありがたかった。

その家庭教師も、ライターの仕事より割が悪かったら引き受けないようにして、次第に単価を上げていったから、大学三年生あたりから、毎月家庭教師でも二〇～三〇万円、ライターで四〇～五〇万円あって、取材費は二〇～三〇万円使えるような暮らしをしていたのだ。

六年生の夏ごろまでこんな調子だったから、国家試験がかなり危なかったのだが、五年生の終わりくらいに、ふと「もし医者になったら、たちどころに貧乏になる」と思った。最近、臨床研修の必修化で多少待遇はよくなったけれども、当時の研修医の生活は悲惨なものだ。夜も寝ないで医療過誤《かご》が起きるほどアルバイトをしても、せいぜい月に二〇～三〇万円というところだ。

生活レベルも上がっていたから、これではどうしようもないと怖くなって名門進学塾を始めることにした。その塾は、最初から儲からなくてもいいけれども、絶対に実績が上がる塾を、どうすればできるだけ資本をかけずに作れるか、というところから始めた。

スポンサーは見つけてきたのだが、金儲けするにもあまり金をかけたくないタイプの人だったし、金を出してもらったからといって、言いなりにもなりたくなかった。スポンサったー人が大金を投下するとそれだけ発言力も大きくなってしまう。これはどうしても避けたかった。

「絶対に実績が上がる塾」の作り方

そこで、一クラスは九人までで、講師は全員理Ⅲと文Ⅰの学生、生徒は麻布《あざぶ》、開成《かいせい》、武蔵《むさし》という六年一貫の名門校オンリー、という塾を作ったのだ。しかも中学一年生からだけ取る。六年後に実績を出そうと思ったからだ。

なぜ、名門校の中一からだけか。私自身、灘にいて中二、中三、高一ぐらいは劣等生だったからわかるのだが、名門六年一貫校では途中の時期に勉強しなくなる〝中だるみ現象〟が起きる。しかし、中一からきちんと勉強させて、途中で中だるみさえ起こさなければ、こうした六年一貫制の学校に入るような生徒は絶対に東大に受かるものなのだ。

ところが当時、開成はまだよかったのだが、麻布では三〇〇人が入学して東大に現役で合格するのは三十数人だった。「東大合格者数は九〇名」などと謳《うた》っていても、麻布はとくに現役率が低かったのだ。

そこに目をつけて、「御三家に入ったと喜んでいるかもしれないけど、六年後、東大に現役で入れるのは、一割もいません」というチラシを打って、塾を始めたのだ。私とスポンサーと、もう一人共同経営者を交えて、三人でのスタートだった。

生徒は三クラス分、約三〇人ほどしか集まらなかったのだが、まあ三〇人でも売上ベースで月に一〇〇万円くらいになる。私が医者になるまでの三年間には、その割合でも売上で月に三〇〇万円が見込める。利益が半分としても、三人で分けると五〇万円になる——という計算をしていた。

共同経営者から追い出された苦い経験

ほどなく私は医者になり、サラリーマンとの二足の草鞋《わらじ》である共同経営者と、スポンサーの三人でその塾を運営していた。ところが、しばらくして共同経営者が「塾を専業でやります」と会社を辞め、私は追い出されてしまう。株式会社にして、持ち株比率はスポンサー五〇%、共同経営者二五%、私二五%だったのだが、私以外のふたりが組んで七五%の株を背景に「出ていけ」というのである。

私がカリキュラムも全部作って、講師もみんな集めていたから、私なしには塾は成り立たないと思っていたのだが、そうではなかった。たとえば講師も、東大生をそんなに簡単に集められないだろう、まして理Ⅲや文Ⅰの学生なんて、残った二人には集められないと思っていたのだが、いざやってみたら集まるのだ。

それもそのはず、講師を集めやすいように時給を高く設定していたのは私だった。理Ⅲで六〇〇〇円、文Ⅰで五〇〇〇円で、一回三時間。家庭教師よりもわざわざ高くして、応募者から選別できるようなシステムを採用していたのである。

当時は一〇〇万円で株式会社ができたので、資本金は一〇〇万円。いつの間にか名義書き換えをされたらしく、私の出資した二五万円は返ってこなかった（もちろん私はこれを認めていないし、弁護士に相談したら勝てるそうだが）。

始めるとき、私が忙し過ぎたのと、遊んでばかりいて貯金がなかったから共同経営にしたのだけれど、今、考えてみると私がもっとしっかりと金を貯めている人間だったら、自分の金で始められたはずだ。映画の資金を貯めるときは、あれだけ節約していたのだが、ライターで稼ぐようになると遊ぶほうに全力投球してしまって、ろくに貯金もしていなかったのだ。

もともとできるだけ資本をかけずに起業することに知恵を絞《しぼ》ったのだから、一〇〇万円や二〇〇万円の資本で始められることだったら、自己資金で始めればよかった、というのが率直なところだ。スポンサーは出資金のほかに教室の借り賃やビラ代も出していたけれども、少なくとも半分を出しておけば、勝手に追い出されることもなかった。これは猛烈に大きな教訓になった。

転んでもタダでは起きない仕事術

その後、悔しかったから、また同じようなタイプの塾を作った。とはいえ、私が『受験は要領』などの本を出して有名人になるのはもう少し後のことで、家庭教師ではそこそこ実績を上げていても、生徒が大勢集まったわけではない。

この塾はあまりうまくいかなかったのだが、それでも六人の生徒が残って、責任があるから六年間続けた。結果は、二人が東大、東北大学と筑波《つくば》大学の医学部に一人ずつが受かった。とりあえず六人中四人が東大並みの入試を突破したのだ。

塾としては成功とはいえなかったが、生徒たちに対して責任だけは、何とか果たせたと思っている。そしてこの塾が、後の通信教育の母胎《ぼたい》になるのである。

　最初に始めた塾を追い出されたころの私は、『結婚潮流《ちょうりゅう》』という雑誌にエッセイを寄稿《きこう》していた。毎月「医者と結婚する法」や「弁護士と結婚する法」などを特集して、少しでも有利な結婚をしたい女性に向け、「三高《さんこう》（高学歴・高身長・高収入）」という言葉を先取りしたような雑誌だった。

　この中で、私は「東大出の医者がどんな女性と結婚したいと思っているか」、「こんな女性は遊ばれる」、「これは論外」などといった、いわゆるエリートの本音を暴露《ばくろ》するようなエッセイを書いていた。

　それをきっかけに、この出版社から「受験本を書いてみませんか」という話が来て、『試験に強い子がひきつる本――偏差値40でも東大に入れる驚異の和田式受験法88』を出した。そこそこ売れていたのだが、突然、出版社が倒産してしまって、この本は幻のデビュー作になってしまう（この本は現在、ＰＨＰ研究所から『わが子を東大に導く勉強法』というタイトルで文庫化されている）。

　だが、この本を読んだライター時代の知り合いから、受験技術をテーマに本を書かないかと持ちかけられたのだ。それが一九八七年にごま書房で出した『受験は要領』である。

これがベストセラーになって、その後は、出す本出す本がすべて売れた。『受験勉強入門』、『赤本の使い方』、『数学は暗記だ』、『偏差値《へんさち》五〇から早慶を突破する法』など、最初の六冊で一五〇万部以上売れたのだ。

ベストセラーを通信教育へと発展させる

それだけ売れると、読者からの反響も大きい。中高生たちから質問の手紙が本当に山のように来た。必死に返事を書いていたけれど、医者になって間もないころでもあり、あまりにも時間がなくて返事を書ききれない。どうしようかと考えて「この対策に勉強法の通信教育をやったら、当たるんじゃないか」と思い至った。こうして受験勉強法の通信教育を始めたのだ。

志望校に合わせて、市販《しはん》の問題集を用いたカリキュラムを作って「これをやりなさい」と宿題を出す。あくまでも教材は市販の問題集で、その中で、志望校向きで、本人の能力にも合ったベストのものを選んであげて勉強法を指導するものだ。宿題をやっているかどうかのチェックテストは出していたけれども、教材そのものは作らない。今も続いている形はこのときにスタートしたのだ。

これを著書の巻末《かんまつ》で、二行くらいその情報を書いてハガキで申し込むようにしたら、初年度から六三〇人くらいの生徒が集まった。

この通信教育も、あまりうまくいかなかった塾を続けていたから、始められたのだ。塾で講師をする学生をつないでおいたので、毎月五〇〇〇円の会費から二五〇〇円を学生に払うようにした。

これが今の「緑鐵《りょくてつ》受験指導ゼミナール」である。ずっと続けてきた「緑鐵」という塾が、通信教育を始めたわけだ。

実はこれは、追い出された塾の名に似ているのだが、これには理由がある。東大医学部の卒業生の団体が「鉄門倶楽部《てつもんクラブ》」といい、法学部の卒業生の団体が「緑会《みどりかい》」というからだ。私が追い出された塾は、当初「東大法医学部生セミナー」という怪しげな名称だったのだが、「これじゃ絶対ダメだ」といって、私が名付けたのだった。

こういう経緯《けいい》があったのだが、「名前を真似した」などと難癖《なんくせ》をつけられるのも癪《しゃく》だったから、「緑鐵」は登録商標にした。

これを始めたのが一九九〇年のことだが、一年ほど続けるとあまりの忙しさにほとほと疲れ果てた。このときもやはり、「やってみないとわからないこと」があった。毎月五〇〇〇円という会費の、原価設定を間違えていたのだ。

というのも、五〇〇〇円から講師に二五〇〇円、郵送代やカリキュラム製作費を払うと、一〇〇〇円くらいしか残らない。六〇〇人以上入っても、この段階で月に六十数万円にしかならない。しかも人を一人雇って事務所も借りていたから、利益は三〇万円にもならない。これでは、忙しさに見合う金とはとてもいえないだろう。

私自身、アメリカに留学が決まったこともあって、この通信教育の売り先を探したところ、ごま書房が実績を見て買ってくれたのだ。

留学中に何もしないで年収五六〇〇万

ごま書房には「月会費を八〇〇〇円にしたほうがいいですよ」と、アドバイスした。八〇〇〇円にすれば多少、事務経費を今より多くかけても、利益に三〇〇〇円の増額分がまるまる乗るから、利益率も大きく変わってくる。

ただ、ごま書房も、受講者がここまで殺到《さっとう》するとは思っていなかったらしい。私の取り分は「受講者が七五〇人までは売上の五％、七五〇人から一五〇〇人までは売上の一〇％、一五〇〇人を超えたら、売上の一五％」という契約をしたのだ。生徒が集まるほど、私の取り分は大きくなる契約だった。

私はその後さっさと留学してしまったのだが、初年度から一五〇〇人の生徒が集まった。ごま書房は、私の本を大量に売ってくれていたし、本の中に挟み込みのハガキも入れて綿密《めんみつ》に宣伝したから、その効果も大きかった。

初年度一五〇〇人に驚いていたら、翌年は三八〇〇人あまり入って、私への支払いは年間五六〇〇万円ほどに達した。そうなると突然、「留学していて、何も仕事をしていないのにおかしい」と、月に二〇〇万円（年間二四〇〇万円）にするよう求められたのだ。

きちんと契約していたにもかかわらず、この一方的な申し出にはがっかりした。利益が大きくなって豹変《ひょうへん》するようなパートナーではやっていけない。結局、ごま書房との縁を切り、また自分の会社で始めて今も続けている。

最初の塾が乗っ取られたときに比べると、このときのダメージは小さかった。少なくとも登録商標を取っているから、こちらで始められるわけだ。同じ名前を使って、相手が勝手に継続できないことはいうまでもない。

最初は苦しいけれども、一人で何とかやっていこうと考えたのも、やはり以前の教訓が生きていたからだった。

今は、講師として雇っているアルバイトの東大生が約一六〇人、事務員が四人で、売上が三億くらいあるから、軌道に乗っているといえるだろう。

売れた本の周辺には必ずビジネスチャンスがある

もうひとつ、本を出したことで実感したことがあった。

多少売れても、著者は儲からないのだ。私がごま書房で次々と本を出していたとき、初版で二万六〇〇〇部を印刷してくれたのだが、初版印税は四%だった。当時は無名の著者だったから値切ってきたのかもしれない。

二万六〇〇〇部を越えた重版分からは六%になるのだが、自分で原稿を書いたのではなく、私の口述をライターや編集者がまとめたものだったから「そんなものかな」と思っていた。私は自分で書きたいと主張したのだが、「これはたくさん刷る本だからこちらでプロがまとめます」といわれていたのだ。

その後、一〇年かかって一五〇万部を売り上げるのだけれども、八〇〇円ほどの本だから印税は六〇〇〇〜七〇〇〇万円である。一見、大きく思えるが、一年に均《なら》すと六〇〇〜七〇〇万円というところだ。これが通信教育では、値切られた後でさえ、二〇〇万円×一二カ月＝年間二四〇〇万円だったりするわけだ。

つまり、本を出すことでは儲からないのだが、そこに付随するものを見つけることが重要なのだ。本を出すことは自分の考えを世に問うことだから、それがヒットしたときには、周辺に売れる要素が必ずある。

それが『受験は要領』以下の受験技術の本に対する通信教育であり、今なら『大人のための勉強法』が売れて、転職予備校や大人の能力開発を始めたことに当たる。

一流のセールスマンは、お客に気に入られたら、本来自分が扱っている商品以外のものも上手に売る。たとえば、自動車のトップセールスマンは顧客に自動車だけではなく、保険や、家までも売ってしまう。自分で売るにせよ誰かを紹介してマージンを取るにせよ、ひとつの商品を足がかりに、次々と売っていくのだ。

本から派生してビジネスを作りだしていく考え方は、これとまったく同じことなのだ。

時間も「投資」と考えることが大切

こうしたことの一方で、私は、医師としての勉強も相当真面目にしていた。留学を終えてからも、老年医療に真剣に取り組んだ。当時は日本に三つしかなかった老人専門の総合病院の一つ、東京都杉並《すぎなみ》区の浴風会《よくふうかい》病院では足かけ一〇年にわたって診療にも当たり、臨床の医師としての貴重な経験も積んだ。

「さぞ忙しいでしょう」、「いつ寝ているんですか」などとよく聞かれたけれども、誰にとっても一日は二四時間だし、一年は三六五日で変わらない。肝心なのは時間の使い方である。つまり、時間も投資していると考えることが大切だ。

前章で、「投資は少なくする」と繰り返し述べてきたけれども、基本的に投資とはお金だけを指すのではない。時間や労力や、自分の持っている資源のすべてが、その対象になる。

その意味で、金はかからないけれども、膨大な時間や労力を取られたのでは、過大な投資ということになる。投資に見合うだけの利益が上がらなければ、撤退を検討しなければならない。

たとえば通信教育なら、軌道に乗せてしまえばスタッフに任せて、自分は週に一度カリキュラムなどの監修に行けばいい、といった部分も含めて投資が少なくてすむわけだ。

医者という仕事も、電話での指示ですむことも意外に少なくない。ただ、自分がどうしても現場にいて判断しなければならない場合があるから、それを読み誤ると人命に関わる問題が起きる。

以前、救急患者の幼児を放置して死亡させた事件がマスコミを賑《にぎ》わせたが、一回しっかり診察していれば、どの程度の重症度かわかったはずだ。その上で軽症だと踏めば、そこで初めて席を外すなり仮眠に行くなりすればよかったのだ。ある程度、医者として経験を積めば、この辺の勘所《かんどころ》がつかめてくるものだが、この事件ではそこが欠落していたのだろう。

そうした種類の仕事であることを念頭に置いているから、かえって時間も投資と考えるシビアな感覚が身についたのだと思う。

「悪いやつ」と「賢いやつ」の違いとは

私が医学部に通っていたころは、おもしろい人間が何人かいた。

その一人は、東大理Ⅲの学生証を使って、高価な英会話教材を売っていた。一式売ると利益だけで八万円くらい儲かるというひどく高価な教材なのだが、「僕も本当に劣等生《れっとうせい》だったんですけど、これを使って受かったんですよ」と、学生証を見せながらのセールストークで、月に一〇〇万円ぐらい稼いでいた。

また別の一人は、医大専門の予備校で金持ちの受験生を教えながら、個人的に高給の家庭教師をしていた。こうした予備校は、開業医の子どもたちばかりだから、授業料も年間三〇〇〜四〇〇万と高額らしい。その生徒たちが相手だから、一回五万円くらいで家庭教師をしていたようなのだ。その後、コンピュータにはまって、ソフト会社を経営していた。

彼らは医者になったとたんに改心して真面目になって、今は偉くなっているからこれ以上詳しく書くことは控えたい。ただ、そういう連中にかぎって出世が早いのだ。論文も書くとなったらバンバン書いて、業績も上げている。自分が何をするべきかを心得ていて、いろいろつまり、要領がいいのである。一年上にもソフト会社を大成功させた人がいて、毀誉褒貶《きよほうへん》はありながらも、結局は教授になっている。

私が国立水戸《みと》病院に勤めていたとき、一人の研修医がやってきた。彼は、早稲田《わせだ》を出た後に地方の国立大学の医学部に入ったのだそうだが、医者になってすぐ大手の美容外科病院に就職した。たちまち年収は一五〇〇万円ほどになって、殊勝にも「このままでは人間が腐る」と考え、研修医となって国立水戸病院に来たのだった。

だが、いきなり月給一五万円というあまりの落差に、これもまた人間を腐らせると思ったらしく、美容外科の世界に戻っていった。

その彼が、しばらくすると新商法を編み出したのである。美容外科の分院を、あちこちの地方都市に開いておくと、最寄りの分院に問い合わせの電話がかかってくる。そうすると、たとえばこんな会話が交わされるのだ。

「鼻ですか。それならここだけの話ですけど、うちの先生よりも本院の院長がすごく上手いから紹介してあげましょうか。東京までの電車賃はかかるけれど、一生に一度のことですから」

「じゃあ、やっぱり本院の院長にお願いします」

患者の心理としては「ああ、親切な病院だ」と思うだろう。ところが当時は本院にしか医者がいないのだ。後に週刊誌に叩かれていたが、こんな例を引き合いに出すと「許せない」と憤《いきどお》る人もいるかもしれない。だが、私はその話を聞いて、「ああ、やっぱりあいつは賢かったんだな」と思ったわけだ。それは何も私が倫理《りんり》的に麻痺《まひ》しているとか、歪《ゆが》んでいるとかではなく、儲けている人の話の、人間の心理を突いていたり、踏ん張りどころを心得ていたり、自分の置かれた状況をよく理解しているところに興味を引かれるからだ。

「悪いやつだ」と耳を貸さないのではなく、「賢いやつだ」と考えて、なぜ儲かったのかと、その理由や成功の本質に思いをめぐらせる姿勢を持ち合わせていたほうが少なくとも金儲けには向いていると、私は思っている。

高橋がなりはなぜ成功したのか

儲けている人の中には、新規のビジネスや新商法など、何か新しいことを編み出すタイプの人が多い。

既成のジャンルの中では、ライバルの後塵《こうじん》を拝しつつ、シェアを確保していかなければいけないけれども、それまでになかったビジネスなら、市場規模の拡大が儲けに直結するのは当然だ。

一方、従来からあったジャンルでも、革新的なノウハウや販売戦略を編み出したり、持ち込んだりすることで、市場を席巻《せっけん》する場合もある。

いきなりくだけた例になるけれども、アダルトビデオ会社として初めて『会社四季報』に掲載された「ソフト・オン・デマンド」の社長で高橋《たかはし》がなりという人がいる。テレビ番組『マネーの虎』にも登場しているから、ご存じの人も多いと思う。

彼は〝天才ディレクター〟テリー伊藤《いとう》氏の下でバラエティ番組の手法を身に付け、低予算でセックス描写だけが求められていたアダルトビデオを、一挙に「大人が楽しめるビデオ」にした。見た人をあっといわせる奇抜な発想の作品は、凡百《ぼんぴゃく》のアダルトビデオとは別物だ。

ここに私は、高橋がなりの女性やセックスに対する姿勢が、見て取れると思う。つまり彼自身が「助平」なのであって、金儲けのためにセックスシーンをビデオにしたり、「従来よりも、ちょっとハードにすれば売れるだろう」といったレベルで制作していないことが伝わってくるのだ。消費者から見て、自分に正直な人が制作しているとわかるのである。

消費者としての目線や発想は、新しいことを編み出す原動力だ。プロの知識や経験は、既成のビジネスの小さな改善や効率化には有効だが、大成功の芽を摘《つ》んでいることも少なくない。自分が見たいものとか、やりたいことだとか、食べたいものなど、大きなヒントになる。

私のやっている勉強法の通信教育にしても、自分が受験生だったら受講したいかと考えた。前章で紹介したヒデキ・ワダ・インスティテュートの新規事業も、私自身が、心理学の予備知識が何もないお客だったら買うかどうかを常に考えている。

大事なところは、けっして「人任せ」にしない

私の基本的な金儲け哲学は、「チャレンジできることは、何にでもチャレンジする」、「大儲けを狙わず、少しずつでも儲けようとする」に加えて、「手を抜かないで愚直に努力

する」ということを肝に銘じている。

通信教育を、「ろくに行かなくていいから手がけている」というと、手を抜いているように思われるかもしれないが、そこを真面目にやる。心の問題を抱えている生徒がいるなど、困った問題が起きたときは、きちんと私が自分で返事を書いて指導する。講師たちは「受験勉強おたく」のような東大生もたくさんいるから、この通信教育の意義を説きながら「手を抜かないで一生懸命やろうよ」と、レベルの維持管理などにも気を配って、「名前だけ貸してあとは人任せ」には決してしていない。

世間では「和田くらい不真面目な人間はいない」と思っている人もいるだろう。しかし私は、ものごとに真面目で真剣に取り組むことにかけて、人に後れをとることはないと自負している。

今までに、たくさんの本を口述をまとめる形で出しているけれども、これも手間を惜しんだり手を抜いたつもりはまったくない。また、前作がいくら売れたからといって、二番煎《せん》じ、三番煎じにした同じような本を出したくない。この本のように、今までの自分とは異なる、新しい基軸を盛り込んでいきたいと考えているのだ。

本に関していうと、口述をするようになってからも毎年、かなりのペースで自分で書くことを課している。自分で書かないと、どうしても感覚がずれてくるからだ。

同じ理由で、週に一回、医者の仕事を続けている。その日は午前、午後の外来で約七〇人の患者を診て、昼休みには病棟に診察に行ってさらに終わってからの夜にはその病院で二件のカウンセリングを引き受けている。朝から晩まで働いて日給七万五〇〇〇円だから、儲けを追っていたら割に合わない。だが、それは医者として臨床の経験や技量を維持したり向上させるためには欠かせないと思っているためである。また、その他に老人ホームの心のケアのコンサルタントもしているが、同様の理由からだ。

ときどき、流行《はや》り出したとたんに不味《まず》くなるラーメン屋があるけれども、これは最悪だ。流行り出したときにおいしいものを出せば、もっと流行るはずである。ところが、慢心したり手を抜いたり、あるいは忙しくなって味のレベルを落としてしまうと、さらに儲かるチャンスを棒に振るだけでなく、せっかく勝ち取った評判も台無しにしてしまうわけだから。

苦しい時ほど手を抜くな

今、軌道に乗っていなかったり、儲かっていない商売なら、苦しくても手を抜かないことがなおさら大切だ。

もちろん、可能性のないところでも精神論や根性論で頑張れという意味ではない。儲からないからと放ってある商売も、改良できる点は改良する。時間や金が過大な投資にならない範囲でできることが、必ずあるはずだ。

たとえば「休日出勤したときに小腹《こばら》を満たす夜食がほしくてたまらなかった」という個人的な体験から、オフィス街のスナックなど週末は休んでいる飲食店を借りて、週末だけ開店するラーメン屋を始めたとしよう。

売上が期待したほど伸びなかったとき、原価を下げて無理やり利益を出そうとするよりも、毎週、毎週手を変え品を変え、いろいろなレシピで出していたら、ポンと当たる日が来るかもしれない。評判を呼んで、休日出勤のサラリーマンだけでなくわざわざ足を運ぶ人が現われないとも限らない。大赤字を出しているならともかく、もともと週末だけのラーメン屋ならリスクも限られているわけだから、わずかな赤字ならそこは我慢して、愚直に「本当にうまいもの」を目指したほうがいい。

商売にはマーケティングだのアイデアだのと、いろいろ要件はあるけれど、愚直さもやはり大事だ。「オフィス街のスナックを居抜《いぬ》きで借りたラーメン屋」というアイデアだけでは成功はおぼつかないが、うまいラーメンを作り続けることで、成功の可能性が開けてくるのである。

愚直な努力を惜しんだことで撤退することになったのでは、どこに問題があったのか、後から検討することもできない。

「悪しきプロ」とは何か

読者の皆さんも「これは不味い!」と、呆《あき》れてしまうような料理を出す飲食店に入ったことがあるのではないだろうか。愚直さの対極にあるこの手の店は、「自分で食べて、これで金を払いますか?」と聞きたくなるようなものを平気で出す。

中途半端なプロは、調理の技術は教わっているし、自分はプロだという妙なプライドもあるから、きちんと「味見」をしていないのだ。味をみたのは最初にレシピを作るときだけで、お客に出すたびに自分の舌で味を確認しているとは思えない。

作るたび、味に出来不出来のバラつきがあるのは素人《しろうと》だ。その分、不安だから何度も味見をすることになる。材料が多少変わろうと、作り手の体調が悪かろうと、いつだって同じ味を作れるのがプロだけれども、いつも不味いのは悪しきプロである。

だが、自分で作ったものを食べてみるということは飲食店の基本だと思う。そうすれば、この料理を出して「流行るか流行らないか」という、もっとも根元的なところもわかるはずだ。ファミリー・レストランのチェーン店を取ってみても、味見要員を一人雇うだけで、売上を二割、三割伸ばせるところも少なくないと思うのだがどうだろうか。

その意味で、モスバーガーチェーンを展開しているモスフードサービスの櫻田厚《さくらだあつし》社長は、自分の店で出しているものに関しては、絶対に繰り返し味見をしていると思う。モスバーガーが出しているおにぎりであれ、ライスバーガーであれ、ちりめん亭のラーメンであれ、「はずれた」と後悔することが少ないのである。

ファストフードのチェーンでこれはすごい。レベルを保ち続けられるのは、やはり、愚直ともいえるほど味見を続けていることが背景にあると推測している。

「金儲けが動機」のほうが人間は成長する

よくよく考えてみると、人間は、同じことを続けていれば以前より今のほうが、慣れも含めて上達しないほうがおかしい。

私の手がけてきた家庭教師でも通信教育でも、昔やっていたときよりも、教え方は今のほうが上手くなっていないなら、どこかに問題があるのだ。本の執筆でいうなら、現在書くもののほうが内容が充実しているはずだ。

ところが、売れてきたり、慣れてくると、手を抜きがちなのも人間だ。本来なら慣れによって少しずつでも上手くなるべきところが上達しない、それどころか、下手になるはずがないのにレベルダウンしている人はけっして少なくない。

天才シェフともてはやされた人が、「だんだん味が落ちてきたな」といわれるのも、本当ならあり得ないことだと思うのだ。「ああ、いつ来ても新しい味だ。やはりすごいな」と思わせてこそ字義《じぎ》通りの天才シェフなのだ。

仕事は愚直に続けていることで、「品質」が向上し、そのことでまた仕事を続けていくことが可能になるのである。

よしんばお金にならなかったとしても、こういうトライアル・アンド・エラーの人生を送っていれば、少しでも悔いのない人生に近づけるのだと、私は思う。歳はとっても、今日より明日のほうが賢くなっているのが人間本来の姿である。これは、老年医療の専門家としての、私の実感でもある。

老後も何か小さな商売を始めてみようとか、ポジティブに考えて実際に行動していれば、いつ、何がヒットしないとも限らない。

結局のところ、自分で工夫を重ねながら試行錯誤《しこうさくご》していくことは、金儲けという動機であっても、人間が成長していく糧《かて》になるのである。私が新たに始めたヒデキ・ワダ・インスティテュートにしても、大きく儲かるかどうかはともかくとして、自分を成長させてくれている感覚がある。

金儲けが動機というと意地汚いと感じる人もあるかもしれないが、資本主義のおもしろいところは、そんな「不純な動機」の人間も、成長させていくところだと思っている。

貯めるより使うために金を稼ごう

出費を削るよりも収入を増やしていくほうが、おそらく人生としても充実するだろう。節約に邁進《まいしん》するより、時間や知恵やもちろん資金を投資している人のほうが、金儲けの可能性は高いし、人間のスケールも大きくなるかもしれない。

たとえば一〇万円を食事で使ったことがない人が、一人に一〇万円払わせるようなレストランはリアリティをもって考えられないだろう。一〇〇〇円までしか使えない人であれば、一〇〇〇円までのアイデアしかなかなか浮かんでこないものだ。

もちろん、そういう商売の仕方はあるし、稼ごうという意欲があることは掛《か》け値《ね》なしに素晴らしい。だが、年収がだんだん増えてくると、見える世界も変わってくる。必死の思いで貯めた一〇〇〇万円の金が、二カ月ほどで入ってくるようになったら、別の発想が生まれるのは確かである。

先日、東京の東中野《ひがしなかの》で講演会があったとき、新宿《しんじゆく》で人気のラーメン屋『麺屋武蔵《めんやむさし》』に寄ろうと思った。だが、どう見ても四〇分以上待たないと入れそうもなく、講演会に間に合いそうもないからあきらめたのだが、年中長蛇《ちょうだ》の列ができる繁盛店なら、プレミアチケット制もあり得るのではないかと思ったのだ。

つまり、日ごろ銀座の『福臨門酒家《ふくりんもんしゅか》』で五万円の高級広東《カントン》料理を食べている人には、本当においしいラーメンなら、「並ばなくていいチケット」を五〇〇〇円で買ってもいいという感覚になることもあると思う。少なくとも私ならそれを買う。

こういうことは多少金が入ってきて初めて経験できることがあるから、とりあえず頑張って稼ごうという人生観でもある。こうしたことも含めて、私は「自分で稼いで自分で使う人生」を主張しているのだ。

あちこちで発言したり書いたりしていることだが、私は相続税を一〇〇％にしたらいいと考えている。自分の子どもにも基本的に親の金をあてにしないで、自分で稼げといっている。これこそ「自立」の本質なのだが、どうも金持ちのお嬢様、おぼっちゃまは、そういう話を聞かされていないようだ。それぐらいのことを子どもに言い聞かせるのが、金持ちのすべきことだと思うのだが。

自分で稼いで、それをしっかりと使う金持ちが増えれば景気も良くなってくるし、何より日本の活力が増す。子孫に残そうとしたり、子どもの側も親の金をあてにしたりするのは、貧乏に甘んじてあきらめてしまうのと同じくらい、現代の日本を蝕《むしば》んでいると思うのである。

3章

デフレ時代こそチャンス

「小資本ビジネス」で金儲けするヒント

サービス業の立ち上げには、お金がかからない

現代は、何が当たるかわからないかわりに、起業するにしてもドカンと大きなお金をかけなくてもいい時代である。このことを、まず最初に理解しておこう。

その理由はきわめて単純だ。「製造業」が産業の主流だった時代は、工場を造って機械設備を入れ、人を雇う必要もあったから、大きな資金が必要だった。

もちろん、最初から大工場など作れるはずがない。のれん分けしてもらう形で、町工場を起こしたりしたわけだ。その際まとまった金が必要なので、独立を志す人は、このときのためにこつこつと貯金をしたり、親兄弟に保証人になってもらって金を借りたりしてきたのだ。その金を元手に、人生をかけて取り組んだのである。

今、新たな商売を始めるとなると、その多くがサービス業だろう。日本のGDP（国内総生産）をみても、製造業をはじめとする第二次産業はおよそ二八％と三割を切っている。サービス業ほかの第三次産業は約七一％に達しているのだ（二〇〇〇年のデータ）。

サービス業といってもピンからキリまであるけれども、一般的には開業するに当たって

かかる費用は、製造業に比べると格段に小さくてすむ。

　決意や努力はあってもいいけれども、開業には大金がかかって、乾坤一擲《けんこんいってき》の大勝負なのだと思っているなら、それは製造業の時代のイメージであって、時代認識がズレている。

　このことを象徴《しょうちょう》しているのが、ビル・ゲイツである。今、世界一の大金持ちは、鉄鋼王でもなければ、自動車王でもない、マイクロソフトをパソコンソフト業界の巨人へと育て上げた彼なのだ。小国の国家予算をしのぐほどの資産も、元をたどれば、工場設備への投資ではなく、彼自身の頭の中から生まれてきたのである。

　日本ではソフトバンクの孫正義《そんまさよし》氏が、やはり日本のパソコンソフト業界を発展させていく中で、大金持ちになっている。

　もっとも、こうしたＩＴの次はＢＴ（バイオテクノロジー）という呼び声は高いが、こちらはそれなりの資本投下が必要になる。

　しかし、何がヒットするかわからないから、金をかけずに始めようとするなら、やはり有望なのは何らかのサービス業だ。本当にお金がない人間でも、金持ちになれる可能性が潜《ひそ》んでいるのである。

人件費比率の高い業種・会社のほうが儲かっている

サービス業は、一見、人こそが資本だから、人件費が高くて不利なのではないかと思う人もいるかもしれない。ところが、乾いた雑巾《ぞうきん》をさらに絞るように頑張ったり恨まれたりしながら人件費を削減しても、もはや儲けにはつながらない。

意外に知られていないことだけれども、ソニーの売上高に対する人件費比率は、わずか八％にすぎない。つまり製造業の会社では、もはやこれ以上リストラしたり給料を圧縮したところで、コスト削減要因にはほとんどならないのだ。給料を半額に減らしたところで、四％しか浮かないのだから。

「国内の人件費が高いから製造業が海外に出ていくのではないか」と信じられているが、製造したモノは国内では飽和《ほうわ》してしまって、これからは海外で売っていく時代なのだから、海外に進出しているのだとも考えられる。

だから、製造業はリストラなどより逆に、もっともっと給料を増やしてでも国内市場を拡大することを考えたほうがいい、と私は思っている。

売上に占める人件費が八％のソニーに対して、業績好調のヤマト運輸は、実に六三％である。すなわち、人件費を八％まで値切ることに成功したソニーが大赤字を出しているのに、ヤマト運輸は儲かっているわけだ。

また「病院が儲かる」とか「医者は儲かる」などというけれど、医療業界も売上高に対する人件費が非常に高いビジネスである。

なぜ人件費が高いのか、構造的な理由として、病院は雇っている人員のほとんどが有資格者だからだ。医師、看護師、薬剤師、放射線技士、理学療法士など患者に接する人は例外なく資格が必要だし、医療事務も実質上、資格があるようなもので、人件費が高くなる構造ができあがっている。

もちろん「人件費が高いから儲かる」というわけではないから経営難の病院はあるが、儲けている病院は確実にある。

全体で見ると、とことん人件費を切り詰めている業界よりも、高い業界のほうが儲かっている。ということは、人件費比率うんぬんの問題ではなく、どれだけ「人」が稼ぐか、どのようなサービスを考えられるかが勝負なのだ。

投下資本が大きければ儲かるというわけではない

数年前の「ITバブル」といわれた時代に、たくさんの会社が上場して株式を公開した。「これが伸びるだろう」という期待感があって、株式市場から大金を集めることに成功した。ところが、株式を公開したときの創業者利益で大金持ちになった人間はたくさんいるけれども、たとえばネットビジネスの会社にしても、事業自体が大成功だった例はほとんどなかった。

もっとも成功しているといわれる楽天《らくてん》でさえ、本業ではそれほど儲けているとは言えないだろう。ただ、証券業に進出したりM&Aが成功して時価総額が巨大になっていると言っていい。そういうことをやっていない会社についていうと、渋谷を〝ビットバレー〟と呼んで、ネットビジネスがもてはやされたのも今は昔、九九%の会社が儲かっていないといっていい。早々に消滅した会社もある。

株式市場で、何十億、何百億と集めて、それなりの資本投下をして整備したところで、結果的にそれほど儲かるものではないことがわかるだろう。

一方、小さなラーメン屋を始めたら評判になって、お客が殺到し、またたく間にチェーン展開して売上数十億、利益が半分ということも現実にある。上場して巨額の資金を集めなくても、大きな利益を出すことはできるのであり、しかもこうした例はネットビジネスと違って珍しくないのである。

資本の大小と儲けの大小は何の関係もない。さらに、成長産業がITだからITでなければ儲からないとか、ITであれば儲かるというわけではまったくないわけだ。これが「資本よりアイデア」が重要なサービス業の時代なのである。

すなわち、付加価値を考えつけば、あらゆることが小資本の「サービス業」として商売になる。

たとえば、引越しビジネス大手のアート引越センターは、梱包《こんぽう》から掃除まで、依頼主が動かなくていいという付加価値があって、料金も認知度も高い。引越しを何回か経験したことがある人が、料金を下げるという方向ではなく、何らかの今までにない付加価値をつければ、先行するアート引越センターが相手でも、勝負ができるかもしれない。

吹っかけていい人には、いくらでも吹っかける

これから高齢化時代を迎えるに当たって、誰でも思いつくのは介護ビジネスだろうが、もっと別なアプローチもできる。高齢者を案内してドライブや旅行に連れていってあげるとか、地方のお年寄りを銀座の有名店での食事やクラブに連れていってあげるなど、何だって商売になるわけだ。

「日本人の金融資産をすべて合わせると一四〇〇兆円ある」とよくいわれるけれども、これを世代別に見ると、その七割を六〇代以上が持っている。

貯め込んで子や孫へ残そうとしている人は少なくないが、お年寄りにとって魅力的な使い道がないからでもある。いくつになっても、人よりもいい生活を送りたいと願っているお年寄りもいるだろう。

要は、お金を持っている人が、どういうことにならお使ってもいいと思っているかを考えることだ。そのすべてが商売になる可能性がある。大量生産が前提だった製造業も、一人一人のニーズに応えようと努力しているのだが、サービス業なら、お金を払ってもいいと

いう顧客との需給関係は、人数の大小ではない。それこそ真面目なことからいかがわしいことまで、ビジネスに結びつくものである。

最近、唖然《あぜん》とする話を聞いた。売れない女性タレントに知り合いの多い広告代理店の男が、地方のそこそこ儲かっているオーナー社長に、その女性を〝斡旋《あっせん》〟すると一〇〇万円はとれるらしい。深夜番組でもテレビに出ている女性タレントと一晩つきあえるなら、そのくらい払ってもいいという社長もいるし、ものの値段は吹っかけていい人にはいくらでも吹っかけられるという好例（？）だ。

まぁ、それもあるかなと思ったのだが、開いた口がふさがらなかったのは、その女衒稼《ぜげんか》業《ぎょう》の彼は「ちょっと汚い田舎のオヤジなんだけど、二〇万でいい？」などといって、八〇万円を自分の懐《ふところ》に入れていると聞いたからだ。

広告代理店に入社したおかげで売れないタレントとセックスまでできたとき、それを単に「役得《やくとく》」と思うか、「もっと金にならないか」と考えるかで、懐具合がずいぶん違ってくるわけである。もちろん彼の場合は法に触れることをやっているので、お勧めはできないが。

もともとは学生ビジネスの草分けだったヤフー

インターネット・ビジネスはそれまでの産業に比べて圧倒的に元手がかからないから、あらゆるアイデアをもった人々が参入し、百花繚乱《ひゃっかりょうらん》（というか玉石混淆《ぎょくせきこんこう》）の様相を呈した。インターネットは登場時、既存の電話回線を使っていたから、インフラが不要だったのだ。

私は、アメリカの景気回復には、これらの小資本ビジネスモデルの果たした役割が大きかったと思っている。つまり、一九八〇年代にアメリカの製造業がぼろぼろになったときに、少数の天才たちが、あまり金をかけないで猛烈な富を生むシステムを作っていったのである。

それがたとえばＩＴであり、一方ではデリバティブなど金融派生商品だ。何のインフラも要らないという点が共通している。金融で動く膨大な金も、それは出資者の金であって、運用者が巨額の資金の金主である必要はない。

資金を投入したというよりも、「これがあればいいな」というサービスの質が金につながった典型が、インターネット検索エンジンのヤフーである。検索エンジンが登場するまでは、インターネットというのは、情報がいくらでも集められるという触れ込みでありながら、どこに目指す情報があるのか、砂浜で砂金の一粒を拾うようなものだった。

有用なサイトを数千件も載《の》せた、インターネット・イエローページという電話帳のような本もあったのだが、検索エンジンの登場とともにたちまち消えた。

一方、その草分けであるヤフーは、学生が始めたビジネスだったものがそれこそあっという間に急成長していく。設立して間もないころは年商二億円で赤字が一億だったというが、そんなヤフーの日本での営業権を一〇〇億円で買ったのが孫正義氏だった。

その後、ヤフーの株式時価総額は、ピーク時に二兆円を越えた。新しいアイデアを小資本で始めた会社が、巨大な資金を集めているという事実があるのだ。

人間心理を突いたマイクロソフトの戦略

マイクロソフトとインテルは、今、パソコンの世界での主役といっていいだろう。前者はウィンドウズをはじめとするソフトウェアで、後者はハードウェアの心臓部であり、頭脳そのものであるプロセッサのメーカーとして、「ウィンテル連合」と呼ばれる圧倒的勢力を形成している。

この二社の決定的な違いは、マイクロソフトのほうがはるかに金がかからないことだ。インテルは半導体メーカーだから、巨額の設備投資をして世界各国に工場をもっている。自社工場を持たずに、設計だけして製造は外部に委託《いたく》しているプロセッサ・メーカーもあるけれども、「長期間にわたって製品を顧客に確実に提供するには自社の製造装置が必要」というのがインテルの戦略なのだ。おそらくは、秘密を漏《も》らされたくないという側面もあるのだろう。

その意味で、今や世界企業のマイクロソフトも、小資本ビジネスの成長例として象徴的な存在なのだ。

マイクロソフトは、ウィンドウズによってパソコンソフトの世界に一時代を築いたことは確かだが、ウィンドウズは新機軸を打ち出した画期的な製品というわけではなかった。本当に画期的だったマッキントッシュがあったから出てきた、という面は否めない。

アップル社のマッキントッシュが出てきて、世界を驚かしているときに、値段の安いIBMコンパチブルの機械で同じように動くものを作ろうとしたわけだ。

アメリカ人は買い替えが嫌いだから、今、持っているパソコンが使えればそれに越したことはない。従来のそこそこの性能のパソコンで、そこそこマッキントッシュのように動くというコンセプトが当たったのだった。

誤解のないように付け加えると、最初に作ったオリジネイターでないからダメだという話ではない。ウィンドウズがそれ以降のパソコン世界を席巻したのは、今、使っているものから乗り換えたくないという人間の心理を突いた、格好の例なのだ。

ウィンドウズ以降にパソコンに触れた人は、抵抗なくウィンドウズを使って市場は大きく拡大した。結果として、マッキントッシュのシェアは世界では五％くらいになってしまったのだが、それでもマッキントッシュを使い続けている人が確実にいる。これも新しい物に乗り換えるのが嫌いな人間心理を端的に表していると思う。

私も実は、ワープロ時代にずっとオアシスを使っていた関係で、パソコンのワープロソフトであるワードに乗り換えるのがずいぶん遅くなったものだった。

「下品」、「いかがわしい」も普及《ふきゅう》の原動力

「乗り換えるのが嫌いな人間心理」という点から見ると、まず一回乗せてしまえば勝ち、後々に決定的なリードを奪える。だからスタートラインの段階では、いろいろ「奇策」も繰り出される。

まことしやかに伝えられているのが、八〇年代に家庭用ビデオで「ＶＨＳがベータに勝った秘密」だ。ＶＨＳの販売店は裏ビデオをおまけでつけて、ベータ陣営はそれをやらなかったので後れをとったという噂がある。

またレンタルビデオ店が急増していくとき、目に付いたのはアダルトビデオのコーナーだった。今でこそＴＳＵＴＡＹＡ《ツタヤ》などでは本当に隅のほうに追いやられているけれども、発展期には大きな力になっていたはずだ。

インターネットの前に、ベンチャーが集中したダイヤルＱ２《キューツー》にしても、新しいサービスはエロのパワーが普及の原動力になる。インターネットの普及時も、エロサイトのパワーは猛烈なものだった。それ見たさにパソコンを買った若者はけっして少なくなかったは

ずだ。ある一定以上普及した途端《とたん》に、その必要がなくなるわけだ。「下品」、「いかがわしい」と顔をしかめる人もいるかもしれないが、「エロのパワー」は率直に認めたほうがよさそうだ。

普及段階では「何でもあり」のおもしろいことがいろいろ起きる。

そういう意味で、まだまだ完成期とはいえないインターネット上では、おもしろいホームページさえあれば、パソコン一台で商売が始められる。もちろん「エッチ系」に限るわけではなく、何かしらの好奇心を満たしたり、役に立つ情報を掲載することで想像以上の展開になったりするものだ。

一例を挙げると、ＯＬ四、五人が自腹でレストランのランキングをつけていた「ＯＬ美《び》食《しょく》特捜隊」というサイトが大人気になり、本も出したしテレビにも登場したことがあった。同じような例では、ホテルのランキングや駅弁のランキングなどもある。今でも人気のあるブログにはスポンサーがつくし、出版化されてベストセラーになることもある。

従来であれば、出版物にはならないようなニッチなジャンルも、思わぬところから日の目を見ることが起こりうる。「今までのガイドブックは信用できない！」、「今あるランキングはインチキだ」というところからスタートしてもいい。視点の置き方次第で、望外《ぼうがい》のヒットが生まれるかもしれない。

「素人の舌」によるワインの格付けガイド

その成功例が、ワインの格付けで有名なロバート・パーカーだ。

だが彼はソムリエなどの専門家として格付けを始めたわけではなく、弁護士からワイン評論家になったアメリカ人だ。ワインの格付けを始めたのは、学生時代の仲間たちとのパーティがきっかけだった。生まれて初めて高価なワインを飲んだのに、おいしくない。みんなが黙りこくった。「君たちのいいたいことはよくわかる。高いワインなのにまずい。本当にうまいワインを探そう」と、スタートしたのである。

パーカーのすごいところは、一貫して「高級な舌を持ってない人から見てうまいワイン」という基準で点を付けているところだ。本当に舌の肥《こ》えた人からすると眉唾物《まゆつばもの》だとなるのかもしれないが、素人が高い金を払って自腹《じばら》でワインを飲むときには、パーカーの評があてになる。

舌の肥えたワイン好きが高く評価する、シャトーマルゴーやシャトームートンロートシルト、ロマネ・コンティは長期熟成しないとその真価がわからないと言われている。一方、パーカーの基本的なスタンスとして、シャトーラトゥールや高級なアメリカワインなど、カベルネソービニオン種やメルロ種が力強く、比較的若いうちから飲みやすいワインを高く評価するのだ。

私自身、パーカーの舌に似ているものだから（つまり、残念ながら舌が肥えていないということ）、五大シャトーではラトゥールがいちばん好きだし、カリフォルニアワインのオーパスワンや、イタリアワインではカシカイアなど、若いのに味が力強く飲みやすいワインが好みである。

いずれもかなり高価なのだが、それというのもパーカーが高い点をつけるワインは、人気があるからどうしても高くなってしまうのだ。自腹であれ会社持ちであれ、たくさん飲む人は自分で決められるし、舌も肥えていくだろうけれども、そうそう高いワインばかり飲んではいられない素人はやはりガイドが欲しいのだ。

「いつまで経ってもパーカーは素人の舌だから」と悪口も言われるけれども、だからこそ私を含めて多くの人に支持されて、値段に影響させる力を持っているわけだ。もし彼がプロの舌になってしまったら、その時点で圧倒的多数の素人からするとあてにならないガイドになってしまうはずである（とはいうものの、最近はシャトーマルゴーなどにずい分高い点をつけて、プロの舌になってきたようだが）。

つまり「誰にとってのガイドか」を明確に打ち出したのが、ロバート・パーカーの成功の秘訣だった。ということは、パーカーとは違う感覚で、「おじさんからするとどうか」、「女の子からするとうまいワイン」という基準もあり得る。

すっきりしていたり、甘い風味の白ワインを好む女性も多いから、彼女たちの舌をピンポイントで堪能《たんのう》させるワインを知っておくと、デートは安く上がるし彼女の尊敬も勝ち取れるかもしれない。こんな情報なら知りたい男性は少なくないだろう。

若い女性に五大シャトーのワインを飲ませても、値段が高いからと喜ぶだけで、ラトゥールはともかく他のワインでは、その味はまずわからない。「高いワイン」ではなくて「女性が喜ぶうまいワイン」を知っているという方法論だってあるわけだ。

本当に必要とされるグルメ情報とは

もっと身近な例がラーメンである。実をいうと私は、美味《うま》いラーメン屋があると聞けば、足を運ばずにはいられないラーメンフリークをずっと続けている（この本では何かというとラーメン屋の例が出てくるのもお許しいただきたい）。

だから『TVチャンピオン・ラーメン王選手権』で二連覇を達成して、ラーメン関係の著書も多い石神秀幸《いしがみひでゆき》氏の薦《すす》めるラーメンもいろいろ食べてきた。けれども、彼の薦めるラーメンは、四〇代の私には油が重く感じられるのだ。

一方、やはり『TVチャンピオン・ラーメン王選手権』の覇者《はしゃ》で、東大助教授の佐々木《ささき》晶《しょう》氏がラーメンの本も出している。彼は私と同い年なのだが、こちらの薦めるラーメンが、私には美味いのである。おそらく、年代が私と近い分だけ、舌が私と似ているのだろう。

以前の人気番組『料理の鉄人』に登場した料理人の店でも、同じような体験をした。舌の肥えたプロが味わって「うまい！」と絶賛したものが、意外に味が薄かったり、なるほど食感は素晴らしくても味はそれほど感心しなかったりしたものだ。また、タレントは味が濃いものが好きなようで、タレントのほめる店は味が濃いことも多かった。

つまり、味覚には絶対値があるわけではないから、プロによる評価だけが正解というものでもない。素人ならではの舌と、懐具合のバランスによる「これが美味い」という声こそ、実はみんなが知りたいのではないだろうか。

加えて「誰が」という観点、基準も必要だ。「中年のおじさんが食べてうまいと絶賛するラーメン」という切り口だってあるはずだ。さらに、お年寄り向けのグルメブックというのが意外にないのである。年を取ってくると「これだと重いよ」とか、「量が多いよ」となることのほうが多いのだが、案外、こういう情報はない。

今の若い人が好む味は、私たちが若かったころに比べて、一段と味が濃くなっている。当然、若い人に向けたガイドブックは、その味覚も考慮してあるのかと思うと、意外と中高年好みの味の店が載っていたりする。「量が多くて、若い舌と胃袋を満足させてくれる一〇〇店」など調べればおもしろい。

往々《おうおう》にしてグルメガイドは、「これがおいしい」と、いきなり結果だけが示されるから、信頼していいかどうかがわかりにくいのだ。基準を明確にすれば、ひとつの新しい情報になる。

こうしたことも小資本でできるビジネスのヒントなのだ。

デフレ時代こそ、小資本ビジネスのチャンス

　デフレ時代は、給料も多少は下がるかもしれないが、家賃も含めて物価が下がっているから、少ない資金で何かしようとするのに追い風になる。

　店や事務所を借りようというときに、今なら敷金《しききん》・礼金《れいきん》がタダなどという物件も珍しくない。東京では今年、懸念《けねん》されていた「二〇〇三年問題」が現実になった。オフィスの供給が需要を大きく上回り、相当なスペースがあまっているのだ。

　六本木ヒルズやカレッタ汐留《しおどめ》など、巨大なオフィス・スペースが生まれると、新しくて設備も素晴らしいこれらのビルに移転する企業がある。大企業ばかりだから、出て行かれた後には広大なスペースが残るが、多少はオフィス需要が増してきたと言われるものの、それだけの規模のオフィスを借りようとする企業は少ない。

　あるいは、少しでもいい場所にあって利便性の高いところへと、ドミノ倒しのように移動がおきて、不人気な物件は相当安くなっているのである。

　その上さらに、開業資金や維持費を抑える方法もある。たとえば、一つの事務所を、何

人かで借りてシェアすればいい。机がひとつあればいい仕事なら、ワンルームマンションでも広すぎる。四つ机を置いて、四人でシェアすれば、月一万五〇〇〇円程度で事務所を持つことだって可能である。

なかなか借り手がつかない時代だから、入居に際して、借り手に有利な条件も認められるようになってきた。シェアOK、又貸し可能など契約書に一筆《いっぴつ》入れさせておくと安心だ。そこから儲けるアイデアもいろいろある。

古典的なところでは、もう何十年も前に、城山三郎《しろやまさぶろう》が小説『成算《せいさん》あり』で紹介した「貸《かし》机業《つくえぎょう》」がある。この商売は、事務所にいくつかの机が置いてあって電話が一本引いてある。電話をかけた人からはそれぞれが独立した事務所に思われるから、開業したばかりで金はない人に重宝《ちょうほう》されるのだ。今なら電話転送サービスや電話秘書代行業というところだ。

この小説のモデルになったのは、田村訓久《たむらくにひさ》という実在の人物で、この人が貸机業の元祖だった。後の貸ビル業・山京《さんきょう》商事の創業者である。

月六万の賃貸マンションで、売上は月四〇万

私の知人は不動産屋を始めるに当たって、「不動産屋でこんなスペースはもったいない」といって、もともと十坪ぐらいの広さなのに、その半分を学生向けの「自習室」にしてしまった。自分らのスペースをうんと狭くして、半分をパーティションでしきって机とスタンドを置いたのだ。

学生の自習室というのは、塾に通う子供たちが空いた時間に勉強するための、一種の貸机業である。使用料は時間計算だから、時間貸しの駐車場と同じだ。

タイムズ24などのコインパーキングは、一時間四〇〇円くらいだからそれほど高い感じはしないけれども、一日に一〇時間使われていたら四〇〇〇円のあがりになる。今、東京の都心部でも、駐車場一台分は月六万円くらいでしか貸せないわけだから、時間貸しにしたほうがずっと儲かる。

自習室の場合、一時間三〇〇円くらいなら、利用者は喜んで借りてくれる。大した儲けでもないような気がするけれど、五時間机がふさがっていれば一五〇〇円だ。机が六個あ

ったら、それだけで九〇〇〇円の上がりになる。

もともとの家賃がせいぜい一五万円ほどだから、稼働《かどう》率が半分強あれば、自分の家賃までまかなえる計算となる。

不動産屋としてももちろん営業しているが、その家賃はタダになるようなものだ。自習室ならビジネス向けの貸机業と違って、電話もいらない。投資も激安だし、ほとんど維持費用もかからない。料金の計算や受け取りも、隣の事務所で不動産の客を待っている間にすればいいのである。

近くに有名な塾があるとか予備校があるなど、立地条件さえ整っていれば、わずかな投資と低いリスクで金儲けができるわけだ。自分の事務所のスペースに限らず、ワンルームマンションの一室を月に六万円で借りたっていい。

八つくらいは机が置けるから、一時間三〇〇円の料金なら、一時間に最大二四〇〇円の売上が見込める。一日に約八時間営業して、一万六〇〇〇円が上がるとしたら、六万円で借りたマンションで月に四〇万円の売上になるだろう。

奥さんが専業主婦で仕事をしていないのなら、店番《みせばん》をしてもらって、いない時間はアルバイトを雇う算段をつけておけばいい。それで味をしめたら、マンションを三室借りると、もう即座に月一二〇万円の売上になるわけだ。

しかも不思議なことに、オフィス街の家賃は高いのだが、学生街はそれほど高くないのである。

私の知人は、実際にサラリーマンをやりながら自習室を経営して、それだけで年収二〇〇〇万を稼いでいる。

四〇〇万のワンルームマンションを買って儲ける秘訣《ひけつ》

このことはワンルームマンションを買って、賃貸《ちんたい》して投資に充《あ》てようとするときに、重大な情報だ。つまり、貸すときの家賃の問題である。

東京の学生街、御茶ノ水《おちゃのみず》でワンルームマンションの出物が、一〇〇〇万円で買えたとしよう。それを貸し出すと家賃はせいぜい八万円くらいだろう。発想を変えて自習室にすれば、先の計算のように月に四〇万円の売上も見込めるのだ。

一時期、東京の中心部で、いちばん値崩れしていたのは上野《うえの》周辺だと聞いた。古いワンルームマンションがたくさんあって、中には三〇〇万円とか四〇〇万円で売りに出されることもあったという。

この地域でのワンルームの借り手には水商売の人が多いから、一円でも安い所に住みたいと始終、物件を物色している。そこに「風呂付き四万九〇〇〇円」で貸し出せば、それこそ速攻で借りていく。それでも四〇〇〇万円で買っていたのなら、年間五十万も上がれば、実においしい投資案件なのではないだろうか。

仮に借金して買っていたとして、今どき金利は二・五〜三％なのだから、四〇〇〇万円借りていたとしても年間の金利は一〇〇万円ですむ。

「そんな四〇〇〇万円で買ったマンションなんか、二〇〇〇万円でも売れないよ」といわれるかもしれないが、どうしても売らなければならない事情さえできなければ、損にはならない。最終的に安く売ることになっても、それまでの家賃収入と売却代金の合計は、借金の金利を差し引いても、銀行に預金しておいたよりも有利なはずだ。そして結果論的に言わせてもらうと、そうやって持っていたマンションは、倍近くまで上がってきたのである。

不良債権と同じで、売るまでは損をしたと確定しないわけだから、下がったときに売らなければいけない状況に、自分を追い込まないことが大事である。だからこれは、なけなしの金で挑戦することではなく、余裕資金でするべきことなのだ。

先に述べた「借金しても」と矛盾《むじゅん》するように思われるかもしれないが、だからこそ1章で述べたように、会社は辞めないでおくことが大切だ。とにかく持ちこたえて、何年かけて回収する。それでもトータルで見れば儲かっているという案件を探せるのが、デフレの時代なのである。

別な言い方をすると、四〇〇万円あったとして、銀行に預けても何の利子もつかないなら、そのお金を使って、利子を生んだほうがいいということだ。

金利の安い今、四〇〇万円をいちばん金利の高そうな銀行に預けても、一年に二万円も増えれば御の字だろう。金利がつかないのなら、発想を転換して、お金を生む「物」に換えたほうがいいという考えだ。

昔、年金がなかったころの東京のサラリーマンはやはり不動産を買っていた。老後は借家にして、その収入で生活していたのだ。

ワンルームマンションも、資産価値なのではなく、どうやったらお金を生んでくれるかと考えるのである。

「競《きよう》売《ばい》物件」で、びっくりするほど得ができる

猫も杓子《しやくし》も、みんなが欲しがって手を出せば値段が高くなる。バブルのころの土地はその典型だ。誰もが転売すれば儲かると思っていたし、事実、途中まではそうだったのだが、ものすごいハイリスクと背中合わせだった。逆に、景気が悪くてデフレの今のほうが、リスクが少ないのだ。「みんなが手を出さないから有利」なことが、気をつけてみるといろいろある。

私の知人で、東京の高級住宅地の土地一一〇坪を、借金して二億円ぐらいで買った人がいる。競《きよう》売《ばい》物件だったから素人はなかなか手を出しにくいのだが、そのかわり市中価格の三割くらい安く手に入る。

その人は、競売で落札した時点で六〇坪を一億六〇〇〇万円ほどで売ったのだ。結局、五〇坪を四〇〇〇万円ほどで手に入れたことになる。自分で住みたくて、土地は五〇坪ほどでよかったので、もともと半分は売るつもりだったというのだ。

競売物件の土地が市中価格の三割安ということは、元々の土地（一一〇坪）の値段は、

二億八〇〇〇万円強で、そのうちの約半分の五〇坪の値段は、普通に買えば約一億三〇〇〇万円もする。それを四〇〇〇万円で手に入れたということは、額にして九〇〇〇万円の節約、率にして七〇％ディスカウントで手に入れたということだ。

　極端なことをいうと、土地を三割安く仕入れたということは、七割を売れば残りの三割の土地がタダで手にはいるということにほかならない。たとえば、二〇〇坪の土地が市中価格で二億円（坪一〇〇万円）したとして、それを競売物件で、三割引きの一億四〇〇〇万円で手に入れる。その後、土地の七割に当たる一四〇坪を市中価格の一億四〇〇〇万円で売ることができれば、残りの六〇坪の土地はタダで手にはいるのだ。

　ところが、多くの人は競売物件というだけで、通り過ぎてしまう。でも「それではおいしい目にはあえませんよ」ということだ。ちょっとした知識と勇気さえあれば、びっくりするほど得をすることがある。「競売」というだけで敬遠してしまうか、準備をして、時間を割《さ》いて儲けるか。さらにたくましくやるなら、先の例のように広い土地を買って、半分売るという作戦もある。要は、それをやるかやらないかということだ。

「みんなで渡ればこわくない」で突き進むのが好景気なら、それぞれの知恵が明暗を分けるのがデフレの現代だ。

その知恵が、「最悪のケースでも、ここまでなら自分は持ちこたえられる」というリスクコントロールなのである。

デフレでも値段の下がっていないものは何か

世の中を観察していると、デフレになっても値段の下がらない種類のものもある。たとえば土地の値段が下がっているわりには家賃は下がっていないとか、もっと身近なところでは、コーヒー一杯の値段などはほとんど変わっていない。

「時間とスペースを提供するサービス」は、デフレに強そうだ。だからこそ、自習室は、一時間三〇〇円なら喜んで借りてくれるという話にもなるわけだ。

サラリーマン相手なら昼寝室もできそうだ。休みたいときは短時間でも横になると、心身共にリフレッシュできる。これは医学的にも理にかなったことなのだ。

「どうしようもなく眠いときは、マンガ喫茶で寝ている」という人もいるし、私はカラオケボックスで昼寝をすることがある。カラオケボックスは、昼間なら一時間三〇〇円くらいで、意外に遮音《しゃおん》もいいし、なによりソファだから横になるのに好都合なのだ。ただカラオケボックスは店によっては、日中から学校をサボった高校生がたむろして風紀《ふうき》の悪い店もなくはないから、専用の昼寝室の需要もありそうだ。

デフレでも値段の下がっていないものはないか、と周囲を見渡してみれば、意外なヒントも見つかりそうである。

いずれにしても、肝心なのは小資本で始めることだ。そうすれば何回も「失敗」ができる。つまり再挑戦のチャンスがある。小資本ビジネスが可能になったのは、逆説的にいえばデフレの恩恵《おんけい》だ。もちろん何回でも失敗できるからといって、クズのアイデアを出せというわけではないが、一世一代の大博打《おおばくち》とは違うことをおわかりいただけたと思う。

軍事の世界では、戦力を小出しに使う「逐次投入《ちくじ》」はタブーだそうだが、それは負けたら後がないという状況での話だ。少なくともこの本を手に取った方々の人生は、まだまだ続いていくのだから、一発勝負をかけて玉砕する愚はさけなければならない。

宝くじを毎回、数万も買う人はいないだろうが、競馬やパチンコに毎月五万、一〇万と注《つ》ぎ込む人はいくらでもいる。しかし、胴元《どうもと》がいる博打では儲からないのは自明《じめい》の理《り》なのだから、そんなことに小遣いを注ぎ込むくらいなら、商売で小博打をやったほうが、よっぽどスリリングだし、おもしろいのではないだろうか。

改造した物置きから始まったケンタッキー・フライドチキン

何が当たるかがよくわからない時代は、いろいろなことを試して、一番芽が出そうなものだけ伸ばしていくという方法が賢明だと繰り返し述べてきた。その一方で、私が「素人のこだわり」をいかして愚直な努力も勧めていることに、矛盾していると思った人もいるかもしれない。つまり「自分はラーメンに絶対の自信があるから」とラーメン一筋でいくほうがいいのか、それともいろいろ試してみたほうがいいのかという問題である。

だがこれは、ひとつひとつのアイデアや試みは、「素人のこだわり」でもって愚直にとことんやってみることが大切だが、「当たり」を見つけようとするなら、いろいろ試してみることが必要だ、ということだ。たとえばこんな例がある。

誰もが知っているケンタッキー・フライドチキンは、もともとがカーネル・サンダースが開いた小さなレストランで出していたものだった。それが、評判を呼んでフライドチキンの専門店になり、飛躍的に成長したのである。

実は、この小さなレストランは、片田舎《かたいなか》でガソリンスタンドを開いていたカーネル・サンダースが、お客のために物置を改造して始めた、オマケのようなものだったのだ。もし彼が商売はガソリンスタンドだけと決めていたなら、私たちは今、ケンタッキー・フライドチキンを見ることもない。もちろんカーネル・サンダースは人形にもならなかった。

立志伝中《りっしでんちゅう》の人物を持ち出さなくても、東京のラーメン激戦地として知られる恵比寿《えびす》には、デザートのプリンが評判で、そのために行列ができている店がある。数店でチェーン展開して年商三〇億だという。もちろんラーメン自体、激戦地・恵比寿でも有数の味なのだが、プリンが名物となって普通のラーメン屋なら客足《きゃくあし》が途絶《とだ》える午後三時、四時でもお客が押し寄せる。

こうしたサービス業が、かつての製造業と根本的に違うのは、変更や修正がはるかに容易なことだ。製造業は、基本的に大量生産をしないと儲からない。金型《かながた》を作ったり生産ラインを変更したりするのは大金が必要だから、開発や生産には往々にして社運がかかっていたわけだ。

これはインターネットのホームページと、出版物を比べてもわかりやすい。ホームページならいったん公開した後でも、デザインを変えたり内容を追加したり変更したりと簡単だ。一方、出版物は出してしまうと変更や修正は不可能である。

4章

「理系発想＝試行力」で成功をつかむ

再起不能にならないための技術

成功の確率を少しでも高めるには

経済も理論通りにならないのが現代である。金利をどんなに下げても株価は上がらないし、公共投資を増やしても景気は回復しない。ところが円安が進むと突然外資が株を買い始めて株が上がる。

これから先、国の人口が減っていくという経験も、高齢者がこれだけ急速に増えて大勢いるということも、これまでどの国も、誰も経験したことがないわけだ。

人口が減っていく社会で、土地本位制は通用しなくなるのは自明のことだ。それでは何があてになるのか。これまでなら若者相手の商売をしていればよかったものが、そうではなくなってきたとき、高齢者をお客にしてどうやって金を使う気にさせるか。

あらゆることに関して新しいパラダイムが要求されるわけだから、試してみるしか、本当のところはわからない。「いろいろ試行してみなければ当たりは見つけられないよ」という時代なのだと、まず認識しておくことが大切だ。

端的にいえば、一流大学を出ているとか、理論的な整合性があるとかの大企業型のビジネスモデルより、マメな人間や、あれこれと試してみる気のある人間のほうが生き残ると、私は見ている。資金力よりも、おそらく体力、気力が金持ちになれるかどうかを決めるはずだ。

試行とは、文字通り「試して」、「行なう」ことだ。どんなビジネスをやるにしても、「これに一生かけるぞ」などと考えてはいけない。つまり、失敗から学ぶつもりでやってみる試行錯誤の「試行」である。

しかしだからといって、確率は上げないといけない。

いくら「何が当たるかわからないから」といって、絶対、当たるはずのないことを試すことはない。そのためには、どのくらいの確率ならやってみようという判断も含めて、確率でものごとを考える習慣が必要になる。

多少なりとも成功の確率を上げようと思えば、「こんなのがあったら食べると思う」、「こういうサービスがあったらあなたは受ける？」、「こういう勉強だったらしてみたい？」など、マーケティング・リサーチは欠かせない。成功モデルの勉強もしなければいけないだろう。

三〇万円であれ一〇〇万円であれ、投資は投資なのだから、精度を上げていく必要があるのは当然だ。

単に頭がいいだけよりも、失敗にくじけない気力や体力が成功を導くと思っているが、それにはひとつ大切な要件がある。それが試行するときの考え方である。

いちばん大事なのは、「観察」から「仮説」を作っていくことである。仮説を伴わずに、当てずっぽうでやるのでは試行ではない。

何をやるにしても、多かれ少なかれ「うまくいくはずだ」と思って始めるわけだが、期待した結果にならないこともある。失敗して損をしても勉強になるのは、仮説をもって試行した場合だけだ。何がうまくいかなかったかの分析は仮説があってこそ成り立つものだからだ。

「試行の時代」には理系の発想が必要

具体的に「試している」とはどういうことだろうか。

自分が実験中の科学者になっているつもりで、注意深くありとあらゆる観察をしていることだ。ただ「損をしている」とか、「儲からないな」、「客が入らないな」、「こんなはずじゃない」というのは観察ではなく感想にすぎない。

そうではなくて、入ったお客も観察しなければいけないし、なぜ入らないのかも常に考えていないといけない。どの時間帯にお客が入るか、どんな客層が多いのかなどを客観的に見ていかなければならない。それに基づいて、次の試行をする。

つまり一つの試行に関して、反応を観察しながら、次の策を考えていくわけだ。

たとえば「お客はまるで入らなかったけれど、それでも来た人に関しては、意外に反応がよかった」、「お客にはリピーターが多い」のなら、宣伝費をかければいいだけのことかもしれない。

この繰り返しが、「何が当たるかわからない」時代にあって、成功の可能性を増していく唯一《ゆいいつ》の方法だ。

すなわち「試行力の時代」に必要なのは、理系の発想である。ただまぐれ当たりを期待するのではなくて、「こうすればうまくいくはずだ」から「なぜこういう結果になったのか」を検証していくことが欠かせない。

その具体的な第一歩が、ありのままに見極め、そこに何が起きているかを知ること、つまり「冷静で客観的な観察」だ。

文系の発想というのは誰かえらい学者（たとえばケインズやフロイト）の信者のようになったり、誰かの理論をその通り信じ込む。本を読んで、その通りにやってみるということだ。書店にあふれるビジネス書の多くが、そういう「成功事例をヒントに自分でもやってみよう」という読まれ方をしている。

けれども、本書の読み方は少し違う。「この通りにしなさい」という、成功のノウハウではなくて、試す気になってもらうこと、どういう態度で試せばいいのかをわかってもらうことがいちばんの眼目《がんもく》だと思っている。

失敗したら、そこから新しい仮説を立てて試行する

ありとあらゆる理系の学者たちが、学問の真っ先に教わるのは「実験の精神」とでもいうべきことだ。つまり「失敗してもへこたれてはいけない」、「失敗したら、そこから新しい仮説を模索《もさく》する」、「科学的な観察眼が必要だ」など、実験をする上での基本的な精神と態度を習う。

科学者は、ある実験をする時に「この実験で必ず成功する」とか「この分析器で絶対に

うまくいく」などとは誰も思っていない。

ノーベル賞の田中耕一《たなかこういち》さんにしても、一〇〇〇回くらいさまざまな実験をして、一つ当たりが見つかればいいと思っているはずだ。ただ、一〇〇〇回失敗するからといって、でたらめに試すわけはなくて、やはりそれなりの仮説を立てて試す。「これがダメだから、こうしてみよう」と試行を続けているうちに、何かがポンと当たって、大発見や大発明をするのである。

田中さんの業績は、たんぱく質などの生体高分子《せいたいこうぶんし》の質量を精密に測定する手法を開発したことだ。この測定法は、世界中の大学や研究所で、医薬品の開発や病気の診断などで広く使われている。

この発見は、間違って作った試料《しりょう》を「もったいないからいちおう試してみよう」と考えたことがきっかけだった。そしてその実験から得られた新しいデータをとことんまで追求したことがノーベル賞へとつながっていくのである。

たとえ成功の確率は著《いちじる》しく低くても、まぐれではない。きちんとした仮説を立て、しかも前の失敗に学びながらしていることだから。これが本来、「科学する者」の姿勢なのである。

結果がわかっているものは、実験ではない

それを身に付けないで、いきなり専門分野に入ってしまうと、ろくな実験もできないから、結果的に大きな研究ができないのだ。昨今、学問の分野や領域は、非常に細かく専門分化が進んでいるのだが、科学者全体に必要な、このベーシックな考え方が欠けているのではないかと思うことがある。

私は以前、『受験は要領』という本に「化学実験や物理実験は時間のムダだから、問題集でもやっていろ」と書いて、ある教育評論家にボロクソに叩かれた。

けれども、少なくとも高校生や中学生にやらせる実験は、失敗を前提になどしていない。マニュアルどおりにやらせて「こうなります」と確認するだけだ。うまくいかなかったら次に何をやるか考えてみよう、というのが科学的な発想につながる実験であって、教師がマニュアルどおりに指導しているのは、実験ではないと思うのだ。

ところが、今は「実験をきちんとやらせないから、科学的な目が育たない」などといわれて、理科の授業時間を減らしてでも実験時間だけは守って、実験室だけはどんどん立派

になっている。にもかかわらず、それと反比例するかのように理科の学力低下が進んでいるのである。これはやはり、役人も教師も実験の本質がわかっていないとしかいいようがない。これではむしろ、問題集をやって〝机上《きじょう》の試行〟を繰り返したほうがよほど理系の発想が身につくというものだ。

その意味で、政策や施策もあらゆる点で実験だ。論議を呼び迷走を続ける「ゆとり教育」にしても、文部科学省の役人や教育学者が「これは実験です。失敗するかもしれないけど、よくなるかもしれないからやっている」といって、その実験に乗りたくない人に、別な選択肢《し》を用意してくれるのなら、うなずける。

ところが「こうすればよくなるはずだ」と、自明の理であるかのように一方的に押しつけるからとうてい納得できないのだ。

「良い失敗」、「悪い失敗」の違いとは？

科学者が実験する上で身に付けておくべき基本的な姿勢や精神を押し広げたものに、畑《はた》村洋太郎《むらようたろう》さんの提唱《ていしょう》する「失敗学」がある。東大名誉教授で工学院大学教授である畑村さんは、もともと材料工学の研究者だ。

工学的な分野を対象にしていた失敗学を、組織論や経営論に展開した本がベストセラーになったから、読んだ人もいるだろう。

それによると、失敗とは、未知との遭遇《そうぐう》が原因であって避けられない「良い失敗」と、怠慢による「悪い失敗」の二つに分けられるという。そして、避けられなかった「良い失敗」から、新しい発見をすることで、「悪い失敗」を最小限にすることができると説く。「どう失敗したのか」、「失敗から何を学ぶか」を追求して、失敗から成功のヒントを得たり、致命的な失敗を避けようというこの発想は、あらゆる理系の実験に共通する考え方にほかならない。すなわち、仮説をともなって試行する、ということと同じくらい重要なのが、失敗した後の態度なのだ。

サラリーマンを続けながら（あるいは独立して）、小さな商売やベンチャーをする人が陥《おちい》りがちなのは、失敗したときに「やっぱり自分は向いていないのだ」で終わってしまうことだが、少なくとも、そこから何かを学ばなければこれほどもったいないことはない。

それには、失敗から次の仮説を立てて実験を続けられるか、という科学者と同じ姿勢や精神が、ビジネスの場面でも求められる。

成功するまで続ける気力はもちろん必要だ。それに加えて、失敗した時に次の仮説を立てられる知恵があるだろうか。

さらに、失敗している過程において、どこがうまくいっていないのか、どこを直せばいいか、どういう点は客に満足してもらえているのかなどを探していくことで、転んでもタダでは起きない人間になれるはずである。

「観察→仮説→試行→失敗→観察→仮説→試行……」というサイクルの中に、「何が当たるかわからない現代」の成功が潜んでいるのだ。

「体力」にものを言わせて試行するトヨタ

従業員が数万人もいるような巨大企業や一流企業であっても、この先も安泰《あんたい》かどうかはわからない。ようやく、それが日本人の共通の認識になってきた。もっとも、自分の会社だけは大丈夫だと思っている人は多いようだけれども。

大企業であっても、さらに成長するか、それとも衰退するかは、やはりこの「試行力」

にかかっている。

試行力のある企業として、誰もがイメージする自動車会社はホンダだろう。

昭和三〇年代、ホンダはスポーツカーのエンジンを積んだ軽トラックを発売する。国際競争力をつけるために自動車メーカーを再編しようとした当時の通産省は、四輪自動車生産の実績がない企業には、新規の参入を認めないと迫った。

それまでオートバイメーカーだったホンダは、後に発売する予定で開発を進めていたスポーツカーのエンジンと、スケッチ程度だったトラックの車体でとにもかくにも作り上げたのである。

これがホンダの自動車第一号だ。そのエンジンを積んだ本来のスポーツカーは翌年発売されて、大反響を呼んだのである。その後の世界初の低公害エンジンの開発や、それを積んだシビックの大成功、F1レースでの活躍など、その試行力が発揮された実例は枚挙《まいきょ》にいとまがない。

こうした企業風土を持つホンダだから、次々におもしろいクルマを作ってきたのだし、お客もまた期待するわけだ。

一方、世界の大企業であるトヨタがすごいのは、自分たちの堅実な商売もしたうえで、他社がうまくいったら、すぐにでも後追いできる体制を作り上げていることだ。

たとえばホンダが、オデッセイでミニバンのブームを作ったら、すぐにガイアやイプサムなどのミニバンを投入して、しかも元の商品のラインナップを崩さない。それどころか、サイズを小振りにしたヴィッツを出し、イストだのファンカーゴだの派生車種を出して、いわゆるセダン型の自動車を駆逐《くちく》するほどの圧倒的な力量を見せる。

試せる選択肢が多いから、ホンダ流だけではなく、トヨタ流の試し方との両方ができる。そうやって、いろんな種類を出して、当たったところを伸ばしているように見える。試行力とともに「体力」があるからこそできることだろう。

トヨタのヴィッツが売れてしばらく後に、日産はマーチをモデルチェンジした。このとき、再建途中にある日産は、当面はマーチに全力投球せざるを得なかった。派生車種のキューブを出してくるのはしばらく後である。だが、体力の違いはあっても、クルマの基本的な部分を統一しておいて、多様な派生車種を出すという戦略を、世界中の自動車会社が採ろうとしている。

このことも、いろいろ試さなければ、何が当たるかということがわからないということの、ひとつの証左《しょうさ》といえそうだ。

松下電器が白物《しろもの》家電を堅持《けんじ》する理由

スターバックスのカウンターで、コーヒーを注文しようとすると、初めてだと戸惑うくらいに飲み物の種類やサイズがある。ケーキやクッキーなどのスナックもあるし、ロゴの入ったカップやポットまでも売っている。要するにお客のニーズに応えながら、試行していこうという考え方だろう。

ユニクロも、基本的に試行パターンを増していく生き残り戦術を取っているように見える。つまり子ども服であれ、野菜であれ、可能性のあるものを売っていこうとする姿勢は、私は理にかなっていると思うのだ。ちりめん亭を出すモスバーガーにしても同様である。

家電業界はどうだろう。ソニーは、ネットワークとエンターテインメントに特化《とっか》した。サービス化していく時代をにらんでのことだろうが、大きな変革はときに諸刃の剣だから、ダメなときは総崩れしてしまう。かつては、あれだけ好調とされていたのがいきなり大赤字となってしまい、外国人の経営者を呼んできて再建をすることになった。

ウォークマンやトリニトロン・カラーテレビなど魅力的な商品を次々出してきて、その開発力やユニークさでホンダと並び称されるソニーである。早急に結論を出すことはできないが、今後、どのように試行力が発揮されてくるのか注目したい。

もちろん、何にでも手を広げて残しておいたほうがいいわけではない。洗濯機や冷蔵庫などの〝白物《しろもの》家電〟に、オーディオからテレビまで何でも全部抱えている総合家電は落ち目である。ただ、白物家電も維持しておいて、あれこれ試す体力があるうちに、次代の家電を模索するという戦略もある。

松下電器にとって白物家電は魂《たましい》のような存在だ。アメリカのGE（ゼネラル・エレクトリック）などは、ほとんど捨ててしまったが、松下はネットワークと結びついた情報家電の時代が必ず来ると、決して捨てないで維持している。外出先の携帯電話からエアコンが操作できたり、冷蔵庫の中身が確認できたりする時代を予見《よけん》しているわけだ。

ソニーが特化戦略をとったとき、松下も追随《ついずい》するようなスタンスを見せたけれども、やはり現実には白物を残した。高齢者が増えて、福祉《ふくし》向け家電の需要が増えたり、中国にはできない高機能の製品なら、日本市場で勝負できるかもしれないという、試行力からの発想で残しておけるのだ。

「これはいける」と、あまり勝負をかけ過ぎると、うまくいっている会社がいつダメになるかわからない。それをリスクヘッジしたり、思いとどまらせたりするのも試行力なのである。

まず、「いくらお金をかけられるか」を試算する

今の時代における試行力の大切さは、組織においても個人においても変わらない。「一人の人間ではそんなに試せない」と投げ出してしまうのではなく、先に述べた「理系の発想」で、何度も挑戦していくことが何よりも大切だ。

その背景になるのが資金である。つまりいくらまでだったら投資できるかを、計算してはっきりさせておくのである。

それが一〇〇万円なのか二〇〇万円なのか、それとも一〇〇〇万円が投入できるのかを明確にする。これは貯金に限らない。

好きなお酒を我慢して、毎月三万円が充《あ》てられるというのでもいいし、ギャンブル好きな人が、自分の新規ビジネスも一種のギャンブルと考えて、それまで競馬と麻雀に費《つい》やし

ていた年間一〇〇万円を、事業資金にするというのならそれでもいい。

とにかく「いくらお金をかけられるか」を、まず試算することだ。その金額によって、何がどこまでできるかも見えてくる。

その金額が五〇〇万円だったと仮定する。つまりその五年間で、試せるだけの試行をしてみるわけだ。仮に試行は年に二回とすると、一回で五〇万円使える計算になる。年二回×五年で、一〇回の試行ができることになる。

投資可能な金額が一〇〇万円だったら、一〇回の試行のためには、一回あたりに使える金額は一〇万円。二〇万円ずつ使って勝負を張りたいなら、チャンスは五回ということになる。ただし、何度も試みることが重要なのだから、総額が少なかったり、毎月少しずつ投資していくというのなら、「食べ物屋はムリだから、もっとニッチなサービス業を狙おう」と方針を定められるわけだ。

借金をしなければ、ゼロになっても後悔しない

試行を繰り返すうち、何かが流行り始めたとき、今はアルバイトが簡単に見つけられる。それも現代ならではのことだから、「いろいろ試してみるビジネスモデル」には時代の追い風も吹いているのである。さらに、今は極端に低金利の時代だから、いざ儲かりそうだとなったときにも、都合がいい。

ただし、いくら低金利だからといって、借金でスタートすべきではない。

このことは声を大にしていっておきたい。「とにかく借金しないで、何回勝負を張れるか」というギャンブラーの発想のほうが賢明だ。

当たり前のことだが、借金は返済しなければならない金である。条件にもよるが、返済は、金を借りた翌月から始まるのが普通だから、日銭《ひぜに》が入る商売であっても売上が思ったほど伸びなかった場合、思わぬ負担《ふたん》となるものだ。まして請求書を発送して翌月の入金などという仕事では、資金繰りが逼迫《ひっぱく》して、現状を維持するのにも苦心惨憺《さんたん》ということも起こりうる。

返済に追われているようでは、何が当たるかがわからない試行の段階で、大事な次の試行ができないことになりかねない。こんな状況を招いてしまっては、とても起業家とはいえないだろう。

借金するのは軌道に乗って勝負をかけるときと、堅く決めておこう。「これはいける」となったときに、金利が安いことを利用すればいいだけの話なのだから、まずは「かけられる金はいくらあるのか」をはっきりさせて、それを使って、何度も勝負していくことを考えるのだ。

そして儲かり始めたとき、「金を借りてください」とか、「一緒に組みませんか」などと金融機関からベンチャーキャピタル、正体不明の人間までいろいろ近づいてくる。その際、仮説に基づいて、いかにそのビジネスが有望か、なぜ儲かるかをしっかりと説明できれば、資金は借りなくても、より有利に集められるようになる。

借金であれ、出資者を募るであれ、さらには株式上場するであれ、儲かり出した場合にはある程度は勝負してもいい。金を集める能力を磨《みが》くのは、この段階になってからで十分間に合うのである。

再起不能にならない技術

「背に腹は代えられぬ」という言葉もあるし、食うに困ったのでは「いつかはベンチャーをやってやる」と息巻いたところでどうにもならない。どんなに試したいことがあっても、あきらめなくてはならないわけだ。

そうならないために、「いくらお金をかけられるかを明確にして計算しておくこと」、「借金をしないこと」を挙げた。これは再起不能にならないための技術である。

もうひとつ、その技術の最たるものが「会社を辞めないこと」なのだ。

つまり、どんなことがあっても会社にしがみついて、一定の収入を確保しておくことだ。繰り返し述べてきたように、何かを始めたら試行しながら続けていかないと、この時代の成功はおぼつかない。

仮説に基づいて何度も試行を繰り返し、精度を高めていくから、儲かる可能性も高くなるのであって、一回の試行だけで終わってしまったのでは、初めて一枚だけ買った宝くじで、一億円を期待するようなものなのだ。

そんなラッキーに望みをかけて、宝くじを一枚だけ買うために、あなたは会社をやめるだろうか。そんなバカなことは誰だってしないはずだ。

根性論だけでなく、とりあえず生活していけて、想定した範囲で試行を続けていける資金源が絶対に必要である。

会社がすごくつまらなくて、窓際の中の窓際であったとしても、「この会社はその資金稼ぎのための我慢なんだ」と思っていたら、我慢もできるかもしれない。「この会社を辞めるために成功してやろう」と思えれば、観察する視点にも隙《すき》がなくなるだろう。

これらは、成功の筋道が見える以前に必要な技術だが、「これはいける」と思えてきてからも、あまり誇大な妄想《もうそう》は持たないほうがいいと私は思う。

アルバイトを増やすにしても、最善のデータと、希望的観測を元に判断をしていないだろうか。アルバイトを二倍にしても売上が二倍になるとは限らない。

一般的に、事業を拡大していくときは、資本金の六倍くらいは運転資金が必要だといわれている。ラーメン屋も「一店舗のころはうまかったけど、チェーン展開したらダメになった」ということもままある。

上場を焦《あせ》るのも危《あや》うい。いくら上場が簡単になったからといって、株式を公開するということは、会社が株主のものになるということである。商売が儲かっているときや、ビジネスがうまくいきかけているときに、冷静で客観的な視点を持ち続けることが、大失敗を未然に防ぐのである。

アイデアを何十本も何百本も用意する

「いろいろ試してみる」といっても、何を試すのか、その中身が問われることはいうまでもない。発想の段階では、実行に移すことの一〇倍くらい、アイデアを出してみることが大切だ。

一つだけ思いついたことが、大ヒットにつながるということは皆無《かいむ》に近いと断言してもいいだろう。まず、絶対に起こり得ないと思っていたほうが無難だ。

アメリカのビジネススクールでは、量で発想することが重視されるそうだ。たとえば、あるビジネスの事例に対してソリューションを三〇とか五〇提案するといった課題が出る。絶対にうまくいくものをひとつだけ解答せよ、というのではないのである。

私が「ヒデキ・ワダ・インスティテュート」を始めるときも、そこで何をどう展開していくか、当初の五つの事業に盛り込んだ内容よりもはるかにたくさんのプランを考えた。中には思いつきや妄想に過ぎないものもあったけれども、とにかく書き出してみた。軽く一〇〇以上はあったと思う。そこから選び抜いたり、熟考して磨きをかけて実践に移したのだ。

また、私は今までに三〇〇冊近くの本を出してきているが、そのテーマは、受験技術や学力低下を防ぐための教育関連から、心理学、老人医療、マーケティング、さらにはこの本のような金儲けを勧めるものまで多岐《たき》にわたる。「何が当たるかわからない」から、それに対応しているのである。

今、出版界全体では書籍の出版点数は年間七万点と激増している。二〇年ほど前の二倍以上に当たる。やはりたくさん出していくなかで、ヒットを探そうというビジネスモデルになっているのだ。

企画力が「メシの種《たね》」である、出版社や広告代理店では、大量に発想することがまず求められる。そのため「発想法の訓練」が課せられる。

ある編集者が新入社員のころ配属された週刊誌の編集部では、記事の企画を毎日（毎号ではない）三〇本出すことがノルマだったという。忙しい仕事の合間、必死で二〇本考えて提出したら「足りない一〇本は明日追加ね」と軽くいわれて愕然《がくぜん》、「いじめられているのかと思った」そうだ。

その中から、採用になるのはせいぜい週に数本だが、しばらく続けるうちに企画内容もスピードも格段に向上していったという。また、毎日一〇〇本、広告のコピーを書いたというコピーライターやプランナーは少なくない。多かれ少なかれこうした訓練を積んでいるわけである。

「いろいろ試してみる」ためには、その前の段階ではるかにたくさんのアイデアを発想することが欠かせない。

たとえば一〇〇のビジネスを思いついて、そのうち五つに絞って、実際に試行してみる。さらに新たな仮説から次の試行に移るときも、少なくとも一〇倍ぐらいのアイデアを出してみるわけだ。

「そのうち一つでも当たるものがあれば、大金持ち」となるために必須《ひっす》の「体力、気力、知力」とは、この発想の段階から必要なものなのだ。

「撤退するポイント」をどこに設定するか

お金がなくても、才能がなくても金持ちにはなれる。さまざまビジネスの成功事例を見ていくと、これはもう断言できる。

ただ大切なのは、性懲《しょうこ》りのなさとか、とにかくつまらないことも含めて何十種類も大量に企画を出せるといった「発想を含めた体力」だろう。だから、動物的な勘《かん》のよさとかセンスなどは要らないし、別に大資本も必要ない。

それよりも、持っておかなければならないのは「損切り」という考え方だ。「ここまでやってダメなら、素直にあきらめる」という視点である。

損切りができないと、大して金のかかっていない商売を始めても、借金までしてズルズルと深みにはまってしまう。結果的に一つのことしか試せないで終わってしまうことがしばしば起きる。

これを避けるには、自分なりにあらかじめ「撤退するポイント」を決めておく。客観的に観察して、引くべきときには引くという方法しかない。つまるところ損切りは理系の発想である。

株を買ったことのある人は、よくご存じだろう。一点買いをしない、思い込み過ぎないなど、株の取引も「理系の発想」をしていれば、そうそう大きな損はしない。

ところが「この会社の商品が好きだから」と一社の株だけ大量に買って、下がっても「絶対に復活するんだ」と根拠もなく思い込んで、絶対売らないという人は、どういうわけか自他ともに認める文系の人間に多い。

確率論よりも、誰かの理論に惚《ほ》れ込むとか、変な思い込みを持つわけだ。ことさらに文系がダメというわけではもちろんないけれども、今、自分でビジネスを始めようとするなら理系の発想が重要になる、といいたいのだ。

誰の理論を使っても、結果として儲かればそれが最良である。だから、私が絶対に正しいというつもりはまったくない。ただ「絶対に正しい」といわないところは、真実を述べていると思っているわけだが。

ともあれ、世の中に確実に儲ける方法はない。「絶対に儲かる」という勧誘はすべてインチキだといって過言ではない。

唯一確実なのは、「儲かるまでやり続ける」という方法である。その際、きちんと仮説を持って試行し、観察することによってのみ、成功の確率を上げられるのだ。

ただ、あらかじめ想定した損切りのポイント以前にあきらめたり、「向いていない」と投げ出したりしたのでは、成功の確率は限りなくゼロに近くなってしまう。

性懲《しょうこ》りのない人間が最後に成功する

その試行力をもたらすのは、頭の良さやセンスより「性懲りのなさ」である。

結局のところ、これは自分や自分の人生に対する自信によって決まってくる。たとえ根拠はなくても、最後にものをいうのが自信である。

経験的にいうと、そのためには何でもいいから「小さな成功体験」を持つことだ。どんなことでもいいから、ささやかな成功をひとつでもしていると、自信を持った人間になれる。

大成功である必要はなくて、「私はダメだ」と思わないですむ程度の成功で十分だ。何か新しく取り組んだことで、少しうまくいった体験をすると「もっと頑張ろう」という気持ちになるものだ。

エジソンが発明家になったのも、こうした小さな成功体験の積み重ねだ。工夫して作ったものが、うまくいった経験があるから、また次の工夫をしてみたくもなる。当然、途中で何度も失敗もしたはずだが、ささやかな成功体験を繰り返すことで培《つちか》われた自信が、それを乗り越えさせるのだ。

もうひとつ、要素を挙げるなら「積極性」だろう。

たとえば、一度アウトローになって道を外れても、また元に戻って来る人がいる。中卒でヤクザの妻になりながら、その後、立ち直って司法試験に合格、弁護士になった大平光代《おおひらみつよ》さんや、服役中に書いた本で一躍《いちやく》人気作家になった安部譲二《あべじょうじ》さんにしても、こうした人に共通するのは、やはり決して消極的な人ではないところだ。

一方で、学校の成績が悪い劣等生には、「自分は大したことがない」などと思ってしまって、グレもせず、なんとなくダメ人間として生きていくことを選択する人のほうがはるかに多い。積極的にグレたほうがいいなどとはもちろんいわない。「どうせダメだから」と最初から何もしないよりは、評価するべき点があるのではないかと思っているのだ。

大平さんの場合、中学時代にいじめを苦に割腹《かっぷく》自殺を図《はか》ったという。これは、いじめた連中に対する壮絶な復讐《ふくしゅう》だ。グレたにしても、「私はこのままでは終わらない」という何がしかの積極性があったから、アウトローの世界に決別して立ち直ってきたのだと思う。

うまくいっているとき、成功の理由をきちんと分析する

人間は、失敗したときはそれなりに反省するし、研究もする。「こうしたらいいんじゃないか」、「ああしたらいいんじゃないか」と、考えたりもするはずだ。

ところが、うまくいっているときに、成功の理由をきちんと分析している人は意外に少ない。これが成功が持続しない理由である。

たとえばユニクロの急成長は、安いからなのか、品揃えがいいからなのか、それとも単なるブームなのかということまで含めて、多面的に分析をしていれば、急激に業績を下げずにすんだのではないだろうか。

うまくいっているときならば、金があるだけに検証もしやすい。品質のよさとは、「安い割には品質がいい」ということかもしれないとなれば、値段・品質とも、ワングレード上の商品を出して、それが売れるかどうかを試すことができるわけだ。

成功の理由はひとつだけではない。たとえばラーメン屋を始めて、理由は何だかわから

ないけれども、とにかく当たったとしよう。単品だけだったので、二種類目のラーメンを出そうとしたとき、最初のラーメンが当たっている理由の分析がうまくいけば、新メニューの二種類目も売れるし、そうでなければ新しいのは今ひとつ評判にならないということが起こりうる。

当然のことながら、うまくいっているときにも仮説を立てたり、観察したりと頭を使わないといけない。成功の道筋が見えてきたときに、事業拡大のための借金や出資者を募ることだとか、資金繰りの算段ばかり考えていたのでは、せっかくの好調も持続できないのだ。

携帯電話の普及期に、飛ぶ鳥を落とす勢いだったヒットショップの光通信《ひかりつうしん》も、急激な成功から一転して衰退と、極端だった。とくに株式を公開して上場していると、成長も速く大きいけれども、失敗した場合もまた急速だ。

成功を維持しようと思ったら、うまくいっているときに頭を使ってその理由を検証しておくことだ。失敗であれ成功であれ、理由が分析できていれば、失敗を成功につなげることができるし、成功をさらなる成功につなげることもできる。そして、成功していても次の試行が用意できることも重要だ。そうすれば、成功からすぐに落ち目になるようなヘマをしないですむのである。

会社組織にすることの利点とは

何度か例に挙げてきたように、私は二つの会社を持っている。受験勉強の通信教育をする緑鐵《りょくてつ》と、心理学ビジネスのヒデキ・ワダ・インスティテュートである。

今のところどちらも有限会社だが、ヒデキ・ワダ・インスティテュートは、将来は株式会社にして、うまくいけば上場するところまで伸ばしたいと思っている。現在は、心理学ビジネスでおおむね（転職ビジネスをやめて携帯による心理チェックサービスを始めたように、多少の流動性はある）五つの柱を立てて、さまざまな事業を試している段階だ。

もうひとつの緑鐵は、受講生が際限なく増えるわけでもないから、売上の上限や経費率もだいたい見えている。大儲けしたりするわけではないが、確実に収入を上げられる事業である。

株式会社は、ある程度成功したときに、大きな資金を集めやすいという利点がある。企業をどんどん成長させていくなら非常に便利なシステムだ。そのかわりに、株を所有する比率に応じて、株主のものになってしまう部分がある。

だから、緑鐵のように比較的固いビジネスには、わざわざ外部の人間の資本を入れる必要はないと思っているのだ。以前、共同経営で乗っ取られた失敗（72ページ）から学んだことでもある。

試行するに当たっては個人事業でも構わないけれども、会社を設立して法人化するとそれなりの利点がある。

たとえば、税務署から経費の認められる範囲が広がる。個人事業では文筆業など売上の三割くらいしか認めてくれないが、会社の場合は上限はない。また、個人では、地方税をあわせると最高税率五〇％までの累進《るいしん》課税で、稼げば稼ぐほど税金も高くなる。一方、法人税は高くても三〇％までの一定税率である。

奥さんを従業員として雇ったことにして、所得を分散できるといったことも含めて、節税上のメリットというのは確かにある。

ただそのためには帳簿《ちょうぼ》をきちんと付けなくてはならないから、経理事務や税理士を頼んだりする場合もでてくる。年商一〇〇〇万円くらいまでは、特別に有利というわけではないかもしれない。

法人化すると仕事の幅が広がりやすい

ただ法人化すると、世間のイメージや、信頼性が高く見られるという、税金以外のメリットもある。外部からどう見えるかということは、仕事によって儲けにもかなり関わってくるのは事実だ。

一店舗でラーメン屋を開くのに、株式会社にしたからといってお客が増えるわけではない。奥さんを従業員にしたり家賃を経費に算入するなど、個人事業を法人化した場合のメリットはもちろんあるけれども、売上は大きく変わらない。

個人事業のフリーライターならどうだろう。出版社から依頼されて取材したり原稿を書いたり、一人で仕事をしている限りは限界がある。先にも触れたが、ライター稼業をしていた学生時代、「一〇〇〇万円の壁」があると聞いて、やはり医者になろうと思ったのだった。

だが、それも編集プロダクションを設立して、一冊の本を企画から手がけるなどしていくと売上を伸ばしていくことも可能だ。その際、株式会社に法人化しておくと、営業上の信頼性が高まるので仕事の幅を広げやすい。

しかもフリーライターやフリー編集者の仕事の場合、報酬《ほうしゅう》は一〇％が税金として源泉《げんせん》徴収《ちょうしゅう》されて振り込まれるから、五〇万円の仕事をしたときも入金額は四五万円になる。一〇〇万円を超えた部分は二〇％が源泉徴収となるから、大きな仕事をすればするほど、確定申告するまで帰ってこない金が増えるのだ。

それでもフリーライターの場合は、原稿料としてもらったらそれが所得になるわけだが、企画から編集まで丸ごと引き受けているようなフリー編集者の場合は資金繰りが大変になる。

たとえば、ガイドブックを三〇〇万円で引き受けたとする。フリー編集者だったら消費税を上乗せされる程度の前年の売り上げがないと、一〇〇万円までの部分で一〇％の一〇万円と、それを超える部分は二〇％の四〇万円が源泉徴収されて、振り込まれるのは二五〇万円だ。外部のカメラマンやライターへの支払いが二〇〇万円だったとすると、手元には五〇万円しか残らない。これが編集プロダクションとして法人化していれば、消費税を含めて三一五万円が入ってくる。

これは源泉徴収される形で入金される仕事での例だが、業種や職種によってかなりの違いがあることは確かである。

こういった、仕事をした分だけ売上が上がるような仕事は、利益率が大切だ。やみくもに売上を伸ばしても、手取りが少なければ、忙しいばかりでさっぱり儲からない。それではやっている意味がないということにもなりかねない。

つまり、ごく大まかに分類するなら、従来の有限会社でやっているような仕事は、利益率を重視するべきだと思う。私の通信教育の会社も、その考えで数字を見ている。

何年か会社を続け、決算の数字で自己資本比率が気になってくるようになると、経営者として一段階経験を積んだことになるのかもしれない。

株式会社の上場は「人気投票」、ドカンと儲かる可能性はある

株式会社の場合は、もちろん実際の売上を伸ばし利益を出していくことが大前提だけれども、それとは違う側面がある。

株式会社は、本来、株主からどう見られるかということがいちばん大きい。すなわち株式会社の上場は、「儲かりそう」という、人気によって金が集まってくる人気投票でもあ

るのだ。

小資本ビジネスで始めて、大きく伸ばそうと考えるなら、たとえば「これまではＩＴだったけれども、これからはサイコロジーだ」と、心理学ビジネスの将来性をアピールしていくという方法もあるはずだ。

こういった上場を、自分で何かを生み出さずに、幻想を振りまいて資金を集めていると見てしまうと、詐欺《さぎ》とはいわないまでも、虚業《きょぎょう》ではないかと思うかもしれない。しかし、これも株式会社の一側面なのである。だから「年収三〇〇〇万」という当面の目標など越えて、「一生涯のうちに何億集める」という考え方もあるし、その人気投票に勝てる株式会社を作るという発想もあるだろう。

私が、将来的にはヒデキ・ワダ・インスティテュートを株式会社にしてもいいかなと思っているのは、ひとつには競合する他社のないことだ。「これからは心理の時代だ」となったとき、私の会社に人気が集中することになる。

心理学ビジネスという、やりたい仕事を実現するために設立した会社だけれども、上場して株で儲けるという選択肢はゼロではない。

株式市場への上場は、成功であれ失敗であれ、結果を大きく加速させる。株式会社化するということは、事業の成功と失敗に、いわばターボをかけるようなものなのだ。

実践しながら勉強して、初めて本当にわかる

結局のところ、あれこれと悩む前にやってみろ、という話になる。

乱暴なようだが、業種や職種による税金の違いや、資金調達の方法にしても、始めてみたからわかるということが非常に多いのだ。

たとえば、何げなく資金繰りという言葉をつかうけれども、これは支払いや決済が必要な時点で、現金を確保しておくことだ。仕入れや支払いがすべて現金なら簡単だが、「A社へ出した請求書の入金はいつ」、「B社への支払いは」ということが五〜六社もあると、余裕を持った資金計画が必要になる。

そのためには売上予測や資金繰り表を作るのだが、こうしたことは本を見れば出ているのだが、実際にやってみないとピンとこないものだ。

ビジネスというのは、まったくケース・バイ・ケースの連続だから、「こんな場合はどうするか」は実践しながらでないと、本当には身につかない。試行を繰り返して「当た

り」を探していく中で、資金繰りや節税方法も含めて「儲けるためのポイント」を体得していくのだ。

サラリーマンが「決算書がよくわかる」と銘打った本を読んでも、その時点ではわかった気がしても、なかなか理解することは難しいだろう。自分で小さな会社を始めた人は、その勘所がいつの間にか見えてくるものである。

無論、漫然と続けていたのではダメだろうが、走りながら勉強をしていると、身に付き方がまるで違う。

私も実はあまり勉強しないで、通信教育の前身となった塾やその前に追い出された塾などを、いきなり会社にしていたのだが、続けていく中でわかってきたことがたくさんあった。

今、儲けようと思ったら、実際に動くしか方法はない。二〇年も前ならば、金持ちは黙って何もしないでも金が入ってきた。一億円を銀行の大型定期に入れておけば、一年に六〇〇万円くらいの利息がついた。今では、年間一〇〇〇万円の利息を得ようとするなら、一〇〇億円（！）が必要だ。

動かなければ、よほどの大金持ちでないと金は入ってこないのだ。机上《きじよう》の空論では仕方がない。

まずは、なるべく金をかけずに、とにかく試すことだ。

株式会社や有限会社に法人化することひとつ取ってみても、実地《じっち》で試してみる必要があるから、あれこれ試行する母体を会社にしておくのもひとつの方向だ。

法人化するには何を商売とする会社なのか、定款《ていかん》に書いておく必要がある。途中で変更すると、手続きが必要で司法書士に頼んだりすると費用もかかるので、最初からたくさん書いておけばいい。

数はいくつ書いてもいいのだけれども、役所に出す文章なので、前例のある言い回しでないと訂正を求められたりする。司法書士に頼むコストを節約しようとするなら、あらかじめ登記所で相談したり、公証人役場《こうしようにんやくば》に足を運んだりと体を動かすことになる。それもまた、「やってみたからわかる」貴重な体験といえそうだ。

5章

サラリーマンをやりながら、ビジネスチャンスを見つけ、育てる

誰でも実践できるマル秘アイデア集

便利屋を経験すれば「ニーズ」は客が教えてくれる

小資本ビジネスの成功の秘訣は、頭を使いながらいろいろと試していくことだ。前章で述べたように、そのアイデアは五倍、一〇倍と量で出すことが肝心だ。

となると、サラリーマンを続けるかたわらで、新たな発想を生みだしていくことが必要になる。とはいえ「発想そのものが浮かんでこない」という人も少なくないと思う。これは「他の業界のことを知る機会が少ないため」という理由に尽きる。

サラリーマンに限らない。医者の仕事でも、フリーランスでも何でもそうだが、日常の仕事をこなしているだけになっていると、意外に世間との接点がないのである。

多くの人が、企画書を書く必要に迫られると、新聞やテレビ、雑誌やインターネットなどで情報収集をしている。たしかに便利だし一般的な行動だけれども、こうしたメディアで集めた情報は、メディアに載《の》った時点ですでに古いものとなっている。

情報は古くても、それを元に新たなアイデアを思いつけばいいのだが、単なる二番煎じになってしまってはつまらない。

会社に言い訳のように提出する企画書ならまだしも、自分で成功させたくて始めるビジネスなら、もっと視点を変えた情報収集をしたほうがいい。

たとえば、土日に便利屋でアルバイトをしてみるという方法も考えられる。

なぜ便利屋かといえば、「半日三〇〇〇円で何でもやります」と言えば、お客のほうから、その「何でも」の内容を教えてくれる仕事だからだ。たとえば、トイレ掃除、犬の散歩、浮気調査、お年寄りの買い物の付き合い、荷物運びなどなど。内容は雑多だろうが、必ず何かを頼まれる。ということは、その地域なり年代なりのニーズが見えてくる。

運が良ければ、「半日三〇〇〇円のつもりだったけど、おばあちゃんが喜んで一万円くれた」、ということだって起こるかもしれない。

喜ぶべきことは、多めにお金をもらえたことではなく、お年寄りの買い物に付き合うことは、一万円の価値があるかもしれないという、ニーズに合わせた値段設定の情報まで得られたことだ。

「子どもに本を読んでやってほしい」という注文をヒントに、「出張読み聞かせ」が始められるかもしれない。

つまり、他業種の知識がなくても、自分で便利屋を開業する勇気がなくても、アルバイトとして雇われるだけで、「こういうのをやってくれると助かるんだけどね」という生《なま》のニーズを知ることができる。さらに世間との接点まで持てる。

それまで新聞で知るレベルでしかなかった知識も、がぜん立体的に把握《はあく》できるわけだ。

これが発想を生むのである。

「ただでは気が引ける」という高齢者の心理

国立社会保障・人口問題研究所の予測では、平成二六年には六五歳以上の人口が三一九九万人となり、全人口の四人に一人が六五歳以上の高齢者になるとされている。老人医療に現場で向き合い、研究してきた私は「七五歳くらいまでは体も脳も現役時代と変わらないから、特別に年寄り扱いする必要はない」と主張しているのだが、お年寄りが自分のために金を使って楽しめる商売が必要だとかねてから思っている。

もっと漠然と「これからは老人相手のビジネス」と考えている人は少なくないはずだ。

皆が考えていることなら、その中でヒットするためには、ひとひねりしたアイデアが必要になる。たとえば、お年寄りの中には「タダでやってもらったら悪い」と思っている人が意外に多いことに注目してみる。

平成一四年の一〇月から変更された老人医療制度で、それまで医療費がタダ同然の一定額だった高齢者も、一～二割を負担するようになった。これでいちばん影響をこうむったのは、実は、一部の勤務医だったという話がある。

医師への謝礼が激減したというのである。医療費が無料だったころは「やはりタダでは悪い」と思うからか、何回か通うとお礼として一万円を包んでいた人でも、一〇〇〇円ほどの治療費を支払うようになってからは、お礼をしなくなったのだ。

老人が病院の窓口で払った金は、当然、病院の会計に入るわけだから、一部の医師のポケットマネーは激減したというのである。

この「タダでは気が引ける」というお年寄りの心理から、大きくわけて二つのビジネスチャンスがあると思う。

ひとつは便利屋の延長のような「話し相手業」である。さらには「知的な話し相手を紹介します」、「あなたに合った話し相手を紹介します」といった一歩進んだ話し相手紹介業や、「一緒に旅行に行きます」、「一緒に食事をします」というサービス業も考えられる。

単なる話し相手や、食事を一緒に食べてあげるだけでは、ホストクラブや援助交際でもない限りお金にならないと思うかもしれない。だが、これもタダでは悪いという感覚を持ったお年寄り相手なら、立派なサービス業になり得る。もちろんそういう年寄りばかりではないかもしれないが、年寄りの一％がそういう人でも日本中に一〇万人は客がいるのだ。

さらに、食事をするレストランや旅行先のホテルなども紹介して、そちらからもバックマージンをとれば二重の儲けが入るという仕組みになる。

もうひとつは、売る商品によっては豊田商事《とよたしようじ》のような阿漕《あこぎ》な犯罪になってしまうが、足繁《しげ》く通うことで、高額な商品を買ってもらうこともできる。

喜んでもらえるビジネスと詐欺の境界線

日本の高齢者はびっくりするほどお金を持っている。旧総務庁の資料によると、貯金は平均で二七〇〇万円にのぼり、無職の高齢者世帯でも月に二万円ほどの赤字にすぎないというデータもあるから、使い切るのに一一〇年以上かかる計算だ。

一方で世帯年収が一〇〇万円に満たない老人も一三％いることは忘れてはならないけれ

ども、逆に言えばそれだけ貯めこんでいるお年寄りも多いということだ。しっかりと貯め込んでいるお年寄りに、自分の楽しみのために金を使う手助けをすることは意義のあることだと思う。

「歳を取ったら、いい着物の一つでも」と、二〇〇万〜三〇〇万円もする着物を売って、反物《たんもの》店、仕立て業者からマージンもとれるし、自分で良い品物を卸値《おろしね》で買って中間マージンを取ることもできるだろう。

ここで、粗悪品を高く売ったり、怪しげな金融商品を売りつけると限りなく詐欺になってしまう。ありもしない金の延べ棒をペーパー商法で売りつけたのが豊田商事だったが、なぜあれほど多くの被害者を出したのかといえば、やはり「いつも話を聞いてくれるので買ってあげないと悪い」という心理を突いていたのではないかと思う。つまり、売る物が本当に品質のよい、高くても年寄りが喜ぶものであれば、相手も満足するし、自分の懐《ふところ》にもたくさんの金が入ってくるのだ。

「よろず気持ちのいい買い物相談屋」のような立場になって、相手が結果として満足するものを買ってもらう商売を阿漕と見るかどうかだが、喜んでもらえる要素も大きいはずだ。

こうした何らかの商売を思いついたら、最初はお年寄りが多い地域に自分でビラをまいて、ビジネスとして成立するかどうか、どれぐらいレスポンスがあるかリサーチをしてもいい。

コピーは安いものだし、カラープリンターを持っていればカラーのチラシでも簡単に作れる。あとはマメにチラシをまいて、当たりを見るだけなので、大した資本金もいらない。一〇〇軒まいて一軒、あるいは一〇〇〇軒まいて一軒の契約が取れるなどとわかれば、商売になるかならないかも計算できるので、その後の展開も読みやすい。

同時に、お金を持っているお年寄りが、どんなことにお金を使いたくなるのかもわかるのだ。

仕入れ値段の安い古本屋はネットが儲かる

数百万円の商品なら年に二～三回も売れればサラリーマンのサイドビジネスとしては成り立ちそうだが、ハードルも高そうだ。

そう考えると、買いやすい値段の商品をたくさん売る、薄利《はくり》多売《たばい》のビジネスという考え方もある。

一般的に薄利多売のビジネスはダメと考えられているけれども、それが辛《つら》くない程度に儲かる商売を考えればいい。

ネット系のビジネスは、一〇〇〇でも一万でも配信が非常に簡単だから、薄利の商品だと、商品発送などの手間を考えると大変なことになる。となると、自《おの》ずから薄利には下限がある。つまり多売はしても、ある程度は儲かる商品を扱うのである。

一〇〇、二〇〇と発送するときに、それがたとえば一個あたり一〇〇〇円儲かるものなら意欲も湧くだろうが、一個五円しか儲からないのでは、一日一〇〇〇個発送しても五〇〇〇円だ。これではやっている意味がない。

そう考えると、仕入れ値の安い商品ということになる。その典型的な例が、急成長しているブックオフなどの古本屋である。

私が感心したのは、東京の古本屋街・神保町のアイドル系古本屋である。ひところ私は『GORO』などの古本を集めていたのだが、間違えて同じ号を二冊買ってしまった。売りに行ったらこれが気が遠くなるほど安いのだ。五〇〇円で買って、一万円、二万円の値札をつける商売なのだと気がついた。

ほかにも映画や演劇を専門にした店など、いろいろと専門的に特化した古本屋がたくさんある。こうした店をぶらぶらと物色して歩くのも楽しいが、店頭に並べておけるスペースも限られるから、目当ての本がある場合、探してもなかなか見つからない。

最近は、インターネット上の古本屋もあって、画面上で検索できるので、著者や書名がわかっている場合は非常に便利だ。本業の古本屋がネット上で営業しているケースばかりでなく、自分の蔵書《ぞうしょ》から始めたような店も多い。それだけに、かえって専門性や品揃えの特殊性《とくしゅ》が出ていておもしろいのだ。

素人が始めたネット古本屋の値段も、現実世界の古本屋と価格の違いはない。初版本《しょはん》をさがすマニアや、仕事の資料として必要な人が検索しながら訪ねてくるわけだから、むしろ高いくらいである。

本は読まない人にとっては場所をふさぐだけの紙の山だから、仕入れ値が安い。廃品回収や資源ゴミでできた雑誌や本に値段をつけることも希《まれ》ではない。段ボール数箱分をタダ同然で仕入れたら、ベストセラーになったような本は捨てて、あとは五〇〇円や一〇〇〇円の値段をつけて、とにかくとっておくわけだ。場所があってとりあえず置いておけるから、ネット古本屋のほとんどが地方にある。

インターネットで買うときは送料もかかるから、三〇〇円の本を一冊だけ買うことはない。少なくとも二〇〇〇円、三〇〇〇円と買うはずだから、月に一〇〇件も発送すると、それなりの儲けは出るのである。

ただしこの商売の場合は、本を置いておくスペースが必要になるので、地方に住んでいて、家だけはやたらに広い人なんかに向いているといえる。

すぐに始められるサイドビジネス

サラリーマンと並行して続けるのなら、自分の顧客情報をしっかりとつかんで、それを利用した紹介ビジネスをすることもできるだろう。

私の知人であるトヨタ車のセールスマンは、クルマの販売を通じて顧客の資産状況がわかってくると、宝石屋や保険屋などを紹介している。成約《せいやく》するとマージンが入るので、けっこう稼いでいるようだ。

その人が賢いのは、本業以外のものは自分で売らないということだ。さらに、「家をそろそろ建て直したい」、「新築を考えているのだが」という話になった場合、関連会社のトヨタホームを紹介しないのだ。「ウチ（トヨタホーム）も信用してもらって大丈夫ですけど、望まれているような住宅ならセキスイさんのほうが」とか、「知り合いに聞いてみますよ」などと言って、他社のセールスマンを連れて来る。そうすると大抵は〝落ちる〟のだそうだ。

住宅の場合は交渉が成立すると、一〇〇万、二〇〇万の仲介料が入ってくるので、サイドビジネスとしてはかなり成功しているといっていいだろう。

彼の方法論は、顧客との信頼関係を強化することにも役立っている。「うちの会社でも家を扱っているので、それも買ってくださいよ」となれば、やはり仕事上のつきあいだという感じは否《いな》めないが、他社を紹介すれば、損得勘定《そんとくかんじょう》なしに動いているようなイメージを勝手にもってもらえるわけだ。

意地悪くいえば、親切を装って恨みを持たれないように商売をしているだけだが、これが功《こう》を奏《そう》しているのである。

自分がその業界にいることで得た知識や、顧客の状況をしっかりと把握していれば、サイドビジネスが本業にも良い影響を与えることもあるわけだ。

「トサン」は借り手の心理をついた絶妙の金利

最近は一〇日で一割の金利が付く「トイチ」どころか、二割の「トニ」や、三割の「トサン」、さらには五割の「トゴ」などの違法な金貸しが跋扈《ばっこ》している。もちろん勧める気にはならないが、俗に「一〇〇〇万あれば、年に軽く一億儲かる」といわれるのがこの世界だ。

確かに「トサン」では、一〇〇〇万円を元手に複利計算をすると、わずか三カ月後には一億を越える。こんなブラックな世界の例を持ち出したのは、ここにも学ぶべきところがあると思うからだ。

まず知っておいたほうがいいのは、金を借りる側の心理である。不思議なことに、どんなに金に困っている人でも、三～四回は利息を払うのだ。トサンが一万円を貸すときには、利息分の三〇〇〇円を抜いて七〇〇〇円を貸す。元金《がんきん》が返せない人も、利息はきちんと払うから、三～四回で元金以上に回収している計算になる。

ここに「トサン」のうまさがあるのだ。トイチで一万円（一割抜いて九〇〇〇円）貸して、四回しか利息を取れずに逃げられてしまえば、五〇〇〇円の貸し倒れになってしまう。逆に「トゴ」だと高利すぎて、顧客の数が減ってしまうし、トゴでも借りる人というのは、切羽詰《せっぱつ》まった多重債務《さいむ》者のような人が多いだろうから、貸し倒れリスクも高くなりすぎてしまう。トサンというのは、人間心理を突いた絶妙の利息設定なのだ。

借りた金を返すために、銀行強盗をする人間もいるのが日本人の国民性である。ブラックな人々はその心理を確実につかみ、巧《たく》みについているのである。

そもそも貸金業《かしきん》は届出さえすれば開業できるところに問題があるのだが、法定利息の範囲でも十分に儲けられるものだ。絶対に貸し倒れない相手に貸している限り、年間二割の利息でも銀行に預けるよりはるかに有利だ。原資は三〇〇万あったとして年に六〇万の利息が取れれば、月に五万の儲けである。

絶対に貸し倒れない相手とは、たとえば、いざとなったら親に支払能力がある金持ちの学生だ。会社内なら「こいつはリストラにあってクビになるだろう」という人間を除いて、すべての一般企業の正社員が顧客になり得る。

高利の金貸しは違法だけれども、なぜ儲かるのかという仕組みを、解《と》き明かしてみるのも勉強になるはずだ。

快感にお金を払ってもらう時間限定ビジネス

何か商売を「サラリーマンを続けながら」するとなると、限定された時間でできることが前提となる。

この場合、あくまでも生活費はサラリーマンで稼いでいるわけだから、余裕を持って試行できるのが強みだし、素人なりの長所がある。

たとえば食べ物屋を考えているなら、いちばん売りになりそうなことは、材料へのこだわりや、時間を思い切りかけられる点である。「美味い!」という評判をとるために、プロにも負けない点はここだ。格別にグルメである必要はない。「おふくろの味」でも「家庭料理」でもいいわけで、「ウチの奥さんの料理は上手い！」という自信があれば、商売になるわけだ。

おりしも、ファストフードの反対概念として、地域ごとの伝統的な食材や食文化を守り育てようというスローフードが注目されているから、「関西風惣菜《そうざい》屋」、「秋田の晩ご飯」などと特徴を打ち出せば、注目を集めそうだ。

会社から帰った後、素材に徹底的にこだわった「夜だけラーメン」という発想はどうだろう。ラーメン屋が本業ではないのだから、「素材を厳選して、材料費に余所《よそ》の四倍かかっているので一〇〇〇円です」という値付けもできる。ソバなら一杯一〇〇〇～二〇〇〇円の店もあるので、夜ごはんと考えるなら、一杯二〇〇〇円の値付けでも流行るかもしれない。

長野県あたりにいくと、そば粉《こ》と水だけで打つ十割そばにこだわった店や、いかにも好きが高じて始めた感じで、いつも閉まっているのにたまに開店して繁盛しているような蕎《そ》麦屋《ばや》がある。中にはせいろを二～三枚食べて三〇〇〇円くらいの相当に高い値付けのそば屋もあるが、意外にといっては失礼だろうが混雑している。

お客へ快感を与えることができれば、フルタイムで営業しなくても、ある時間帯だけで稼ぐことも可能なのだ。

これは食べ物に限らない。以前、新宿・歌舞伎《かぶき》町で「殴られ屋」をやっている人がいた。一分間一〇〇〇円で、お客が殴りかかる。元プロボクサーの「殴られ屋」は巧みにかわすから、ほとんど当たらないのだが、お客は息が上がるまで拳《こぶし》を存分にふるって満足するのである。爆発的にヒットした動物占《うらな》いも、作者は占いに徹底的に凝《こ》っていたアマチュアだった。

得意なジャンルや好きなことで、自分自身が満足や快感を知っていれば、それをお客に与えることが商売になる可能性は高い。

罰則が厳しくなって、運転代行はチャンス

「これがあればいいのにな」という発想が、時間限定のビジネスに結びつくこともある。おそらく運転代行も「飲んだ後、誰か運転してくれる人がいればいいのにな」という願望から始まったはずだ。

地方では、そもそもクルマでしか行きようのないところにスナックがある場合も珍しくないから、広く普及している。

東京はタクシーが多いし、電車や地下鉄で行けることもあってか、あまり運転代行を目にしないけれども、夜の六本木には路上にも駐車場にも膨大な数のクルマが止まっている。飲んでいないとは思えないのだが、駐車しておくコストが高いから、一晩置いてはいけないはずだ。つまりかなりの数の飲酒運転者がいるはずなのだ。

二〇〇二年から飲酒運転の罰則が強化されて、酒酔い運転の場合は三年以下の懲役《ちようえき》か五〇万円以下の罰金、酒気帯《しゆきお》び運転は一年以下の懲役か三〇万円以下の罰金になった。これは飲酒運転の車に、飲酒運転だとわかって乗っていた同乗者も同罪となる。たとえば、四人車に乗っていて、酒気帯び運転で取り締まられると、一人三〇万円ずつ、合計一二〇万円の罰金が科《か》せられるのだ。ビール一杯が三〇万円（と免停《めんてい》）になってしまうのだから、代行の需要はあるに違いない。

そういう事情で最近都内でも代行業者ができてきたようだが、たとえば、六本木限定の運転代行は流行るのではないだろうか。

運転代行を軌道に乗せるのは簡単だ。「検問《けんもん》情報」、「取り締まり強化中」などのビラをワイパーに挟んでおけばいい。外国のVIPが来日した際は、その警備費用を捻出《ねんしゆつ》するために、「一週間から一〇日以内に一斉《いつせい》検問をやるという噂《うわさ》もあるから、「今後一〇日間は、検問が厳しいので運転代行のご用命《ようめい》を」と、情報付きで宣伝するのである。

話は少しそれるが、新しくコイン駐車場を開く際には、業者は、その駐車場近辺の駐車違反のクルマが一網打尽《いちもうだじん》になるように、場所とナンバーを警察に通報してしまうらしい。そうやって、駐車場のニーズを高めるのだ。

つまり警察も、自分の商売のために「使える」ケースがあるのだ。大事なのは頭の使いようだということがおわかりいただけたと思う。

運転代行はある時期からヤクザの仕事になってしまったイメージがあるけれども、今では法制化されて、公安委員会の認定が必要なビジネスになっている。以前ほど気軽に参入できないかもしれないが、体力に自信があれば、会社が終わってからできる、時間限定の仕事なのだ。

情報をどう金に換えていくか

先に挙げた、顧客を紹介するセールスマンは、自分が蓄積《ちくせき》した情報をうまく金に換えている例である。

たとえば私が本を出すことも、考え方や調べた成果という情報を、金に換えているわけだし、今やっている通信教育も情報を金に換えるサービスである。志望校に合わせて、「この参考書がいい」、「こんな勉強法がいい」などと指導をしているのだ。

「情報は金になる」といわれるけれども、どう金に換えていくかということをつねに考えていくことが大切だ。なぜなら、情報がそのまま売れることはまれだからだ。「飲酒運転の取り締まり情報」があったとしても、それだけでは金にはならない。「だから運転代行を」と結びついて、初めて金になる。自分で運転代行をしていてもいいし、宣伝業として運転代行業者から料金を得るという方法もある。

もっとも「○丁目の△△交差点で二一時から○時まで」というピンポイントの情報なら、スナックなどで買い手がつくかもしれないが、情報を合法的に入手できるかという問題もあるし、それを売って得られる金額のバランスは決してよくはないはずだ。情報そのものを高く売ろうとすると、えてして非合法な情報になりがちだ。

典型的な例は、インサイダー取引やインサイダー情報を流して儲けている連中だし、インサイダーではないけれども、高級クラブのホステスを愛人にして、お客で来た大企業のトップや役員などから、株価に大きな影響を与えそうな情報を聞き出すような、ドラマがいのやり口も実際に行なわれていると聞く。

不思議なことに、日本の企業トップは、どういうわけかホステス相手にペラペラしゃべるのが好きらしい。高級クラブの序列がはっきりしている名古屋で私が実際に聞いた話だが、ある著名《ちよめい》な企業の社長は、自分のお気に入りのホステスに「今度の一大プロジェクトで自分の懐にいくらキックバックが入ったか」などと自慢していたという。

どうして言わなくてもいいこと、それも企業秘密に匹敵《ひってき》するような極秘事項を話してしまうのだろうか。まずはホステスが、とにかく聞き上手ということがあるだろう。店の雰《ふん》囲気《いき》も高級なので、信頼がおけると勘違いをしているのかもしれない。

ただ最大の理由は、大企業の社長とはいえ、年収は多くて数千万円だろうから、大金を手にして嬉しくなりついつい本音を言いたくなる、自慢したくなるということではないだろうか。

「証拠があるわけではないから、少しくらい漏《も》れても平気だ」と思っているのかもしれないが、ホステスから得た情報を総会屋《そうかいや》に売ったりすることも考えられないわけではない。

「情報が金になる」のは事実である。ただし、その方法を考えついた人だけが、実際に金を手にできるのだ。

その第一歩が、見聞きしたことや体験を元に「これで自分が何ができるか」、「どう金儲けできるのか」という視点があるかどうか、である。「めざましテレビ」で流行っている弁当屋を見たとき、「へぇ、そうなんだ」、「ワンちゃん、かわいい！」にとどまるか、一日のお客と客単価を想像して、売上を計算したり月商に思いが及ぶような視点をもっているかどうかが、その岐路《きろ》ともいえそうだ。

自分の取り柄《え》、立場を金にする

今の時代、何でも無難《ぶなん》にこなせたり欠点がない人間よりは、多少の不得意はあっても取り柄がある人間のほうがヘッドハンティングも受けやすいし、金儲けもしやすい。たとえば、あなたはベンツがとにかく好きで、歴代のベンツのデザインからメカニズムの変遷《へんせん》まですべてを知っているという取り柄を持っていたとしよう。とはいえお金がなくてベンツを買えないなら、いっそローンでベンツを買ってリムジンサービスならぬベンツサービスを開業して稼ぐという方法もある。

顧客になってくれる人も、もちろんベンツ好きだというケースが多いだろうから、持ち前の知識に加えて「どこに中古で名車や珍車の出物がある」といった情報にも詳しくなる。それを元に、ベンツそのものの仲介《ちゆうかい》販売もできるかもしれない。

昔から朗読だけはうまかったという人なら、「読み聞かせ」を商売にしてもいい。読み聞かせ教室を開いてもいいし、「出張読み聞かせ――プロはここが違う」というキャッチコピーで、老人ホームやリッチな家庭の子どもを相手にする商売も考えられる。
マッサージ、エステ、英会話といった以前からあった商売も、出張するという付加価値をつけた途端に流行した。取り柄を活かしてアイデアをひねり出せば、どんなニッチな仕事が見つかるかわからないということである。

取り柄と似ているのが立場だ。たとえば社宅に住んでいることも、その会社に勤めているという立場ゆえである。

この立場を利用すると、持ち家があるなら人に貸すということもできる。役人の中には、びっくりするほど安い家賃で都心の公務員宿舎に入居しながら、持ち家を貸して結構な金額を得ている人もいると聞いた。役人や福利厚生《ふくりこうせい》のいい会社の社員は、家賃分だけでも給与外所得を得ているわけだが、それに加えて上前をはねるという構図である。

転勤している間、持ち家を貸すことは広く行なわれているけれども、これだけ低金利の時代だから、住宅ローンを借りて返すほうが家賃より安くなることに目を付ければ、タダで家が買えることになる。

たとえば五〇〇〇万円のマンションを二〇年のローンで買うと、月々の返済は均等で二六万円ぐらいになる。場所にもよるけれども中古で五〇〇〇万円クラスのマンションなら、三〇万円ほどで賃貸できるはずだ。この間、社宅に住んでいるなら家賃は二～三万円だろうから、毎月一万円くらい手に入って、かつ二〇年後には自分のマンションが手に入るという仕組みである。

失敗をしてほぞをかんだ経験が役に立つ

実践するためには、細かい部分の詰めが必要だ。低金利だからといって、変動金利で借りてしまうと、数年後に急上昇することも考えられる。家賃には反映させにくいと思えば固定金利で借りておくなどといった、さまざまな知恵も必要になる。

だが、どうやって金を儲けるかという大筋は、基本的に「金が欲しい、稼ぎたい」と思い続けていれば浮かんでくるはずである。「今のところ給料はもらえるし、金にがつがつするのもなぁ」という人にとってみたら、さらさら無縁《むえん》の話だろう。

結局のところ、「これで自分が何ができるか」、「どう金儲けできるのか」と考える視点に還元《かんげん》されていくのである。

そして、思いついたことがあったら、とにかく行動しつづけることが大切だ。始めるのは案外簡単だが、続けることは難しい。しかも、漫然と続けるのではなく、試行が大切なのはあらためていうまでもないだろう。

小さな成功体験は自信になるが、失敗の体験は糧《かて》になる。根拠のない自信も大事だが、失敗してほぞをかんだ経験は、役に立つ。

これは自分で実践してみてつくづくわかることで、サラリーマンとしての失敗よりも身に付き方（身に沁《し》み方）が格段に違うはずだ。だから「試行とはどういうことか」がわかっていると、成功への道筋を確かなものへとできるのだ。

こうしてとにかく続けていると、思わぬヒントに気がつくものだし、人の巡り合わせも出てくる。おもしろそうな話を持ち込んでくる人も増えてくる。

私が学生時代にライターをしていたころ、駆け出しの編集者だった人が今では編集長になって実権を握っていたり、受験勉強法の本の元読者がテレビ局のディレクターになっていて勝手に尊敬してくれていたりもする。

順繰《ぐ》りに偉くなっているわけだが、その彼らと今でも縁《えん》を保《たも》っていられるのは、私自身が変化や成長をしながら続けてきたからだと、最近、しみじみと思うのである。

6章

協力者が集まる「人間関係術」

頭を下げて、うまく甘えるヤツが成功する

原則としては、自分一人で起業する

一人で始めるか、それとも何人かの仲間と一緒にやるのか、小資本ビジネスをスタートさせるにあたって、これは将来の命運を決める選択だと思う。

私の場合、最初に塾を始めたころは、「資本はないけどアイデアはある」状態だったから、共同経営で始めたわけである。その後、共同経営をする度に追い出されたり、裏切られたりした経験から懲りているし、今は幸い資金力もついてきたので、一人でスタートしている。

この本で勧めているのは小資本ビジネスなのだから、まずは自分一人で始めることを考えるべきだろう。

もちろん一人で始めるといっても、出資者や協力者は不要ということではない。「金はないがアイデアはある」という人なら、必要な資金を出してくれる出資者を募ることになるし、有形無形《ゆうけいむけい》の力になってくれる人がいれば心強い。

ラーメンを作る腕に自信があってラーメン屋を開くのであれば、資金以外にも協力してほしいことがたくさんあるはずだ。

たとえば、味の正式なモニターをしてくれる人、口コミで広めてくれる人、インターネットに強い人、「俺の知り合いが石神なんだよ」といってラーメン・チャンピオンの石神秀幸さんを連れてきてくれる人、そういったいろいろな角度から手助けしてくれる協力者を持つことも必要になる。

いくら一人で始めるからといっても、人間関係は絶対に大切である。「当たり前だ」と思われるかもしれないが、一人だからこそ、何度でも確認しておきたいことなのだ。

一方、何人かの仲間と一緒に始める場合、共同経営なのか、出資者を募るという形をとるかで、それぞれの立場はまったく変わってくる。

共同経営は、頭を使ったり体を動かして汗をかいたり、じっさいに仕事に関わっていくことだし、出資者としての参加であれば、基本的に「金は出すけれど口は出さない」という立場である。有限会社や株式会社では、共同経営もできるけれども、金を出す人と経営する人をはっきりと分けてしまうこともできる。

もしも共同経営の道を選ぶなら、誰がイニシアチブを取るのか、儲かったときにどういう利益配分にするのかなどを、儲かる前からきちんと決めておかなければいけない。複数が経営者だと、誰もが口を出すし、儲けはみんなが欲しがるのが人間の常だから、痛い目にあう確率が高まってしまう。

このどちらがいいかは、ビジネスを始める人の性格にもよるだろうし、一概《いちがい》に善《よ》し悪《あ》しは判断できないけれども、自分に資本がある場合は、まず一人で始めることを私は勧めたい。

株式会社で資金を集めることの意味

株式会社は、経営者と出資者がはっきりと分かれる仕組みである。

経営者は、出資者から集めた金を使って儲けることが仕事だ。会社が儲かって配当を出したり、上場後は株価が上がっている限り、出資者から文句を言われる筋合いはない。経営者も出資者に名前を連ねていることもあるけれども、はるかに多くの金を集めて、大きな仕事になっているのが普通である。

株式会社にして出資者を募って大成功した例が、ソフトバンクの孫正義氏である。孫氏はビジネスを始めるに当たって、共同経営ではなく出資者を募るという形を取ったのが画期的だった。経営のやりかたにいちいち口を挟まれずに、多くの人から金を集めて、事業を大きく伸ばしていった。

一昔前、孫氏が起業した時代は「将来上場する予定なので、私の始める仕事に出資してください」と力説しても、「そんなの何年先のことになるんだ？」と、話も聞いてもらえないことはよくあった。上場基準も厳しくて「店頭公開まで二〇年かかる」といわれていた時代だから、「出資はするけれども、ダメだったら買い戻し契約を」と迫られるのも、むしろ当然のことだった。

しかし今は、新興の会社でも数年で上場できる時代になったから、出資者を募るのもラクになったといえる。

ところで、この「出資を募る」とはどういうことだろうか。

極論するなら、上場する前の段階で、額面《がくめん》五万円の株を「五〇万円で買ってくれませんか。うちの会社の将来性からいうと上場したら一〇〇万円になりますよ」と言って、相手に信じてもらうことでもある。

相手が「上場したら一〇〇万になる株を五〇万円で買えるのはおいしいな」と判断してくれれば、出資者を一人獲得したことになる。この場合、売り手からすると五万円のものが五〇万円で売れるわけだから、四五万円はまるまる儲けとなる。つまり、株式の額面と、売り渡す金額は一致する必要はない。

ざっくりいえば、これが株式会社の仕組みというわけだ。つまり、株式会社をおこすに当たり「自分のやる会社だから額面より高いはずだ」という意識は、株式会社をおこすに当たり当然と考えて支障はない。

つまり、額面五万円の株を出資してもらうのに、同額の五万円で売るのはまったくバカげた話なのである。

ところが、私が一番最初に株式会社を作ったときには、この仕組みを理解していなかった。とくに出資者というものに決定的な誤解をしていて、一〇〇万円の資本金に対して、五〇万円、二五万円、二五万円と、丸ごと出資比率で株を配分するのが株式会社だと思いこんでいたのだ。

しかし、たとえ資本金が一〇〇万円の会社でも、一〇%の株を一〇〇万円で買ってくれといって納得してもらうのが株式会社なのだと後から気がついて、非常に悔《くや》しい思いをしたことを覚えている。

病院も株式会社にしたほうがいい

株式会社のいいところは、基本的に人気投票のシステムであることだろう。

たとえば「この味ならば流行るだろうな」と感じた人が出資者になり、「まずい」と判断した人は出資者にはならない。まさに人気投票以外、何者でもない。

余談になるけれども、私はこれを、病院の経営にも、ぜひ活かされるべきシステムだと考えている。ところが医師会では、株式会社の病院を認めたら大企業がどんどん参入してきて、医療機関が金儲けに走ったり、破綻《はたん》したりするとして反対している。

しかし、これほどの誤解はない。すでに大企業は医療法人を買い取ってしまえば、いくらでも病院に参入できるのだ。潰れかけの医療法人などいくらでもあるのだから、買い取って新しい病院に建て換えてしまえば、一丁上がりで参入完了である。

すでに参入している企業もあるし、潰れかかって老朽《ろうきゅう》化した施設や医療の質の低下した病院で診《み》てもらうより、患者にとってははるかにいい話のはずだ。

では、なぜ株式会社による医療法人に医師会が反対するかというと、実は次のような理由がある。

たとえば、ブラック・ジャックのように腕がいい心臓外科医《げか》がいたとして、今、彼が心臓外科の専門病院を建てようとすると三〇億円はかかる。ところが最近は、銀行は担保がなければそれほどの金を貸してくれない。だから、どんなに腕が良くても勤務医から抜け出せないということが現実にある。

そんなときに、マスコミでも知名度のあるその医者が「私が株式会社として病院を建てるから出資を募ります」と発表をすれば、銀行から借金をしなくても開業が可能になる。

大企業の参入云々《うんぬん》よりも、それこそが、医師会が株式会社の医療法人に反対する理由なのだ。つまり、こうやって腕のいい医者につぎつぎに開業されて、既存の病院が負けることを怖れているのだ。すでに大企業が医療に参入してきていることは重々承知しながらも、人気投票のシステムによって、既得権益が決定的に崩されるのに抵抗しているのである。

「偉い人に頭を下げられるほど嬉しい」という人間心理

会社の将来性を出資者に信じさせるのも人間関係なら、協力者やアルバイトをうまく使っていくのも人間関係の力である。面識のない「その道の先輩」から、自分の仕事にアドバイスをもらうことも重要になる。

功なり名をとげた年輩に限らず、その道の有名人の懐に飛び込んで、アドバイスや、ときには資金面での協力を引き出すのが抜群にうまい人がいる。「ジジイ殺し」、「ジジ転がし」と陰口をいわれることもあるけれども、人間関係を作ることに長《た》けているわけだ。何度か例に挙げた孫正義氏も、その力を発揮してきた一人である。

人間関係をうまく作っていくには「頭を下げる」という方法がある。

これはとくに、自分の商売をモニターしてくれたり、極上のアドバイスをしてくれる相手に対して、その心理を突いた有効な方法である。

たとえばベンチャーで成功した先輩に「こういうビジネスを始めようと考えているのですが、アドバイスをお願いします」と素直に頭を下げれば、大抵は教えてくれるはずだ。

もっともこれは、他人にものを教えたり、尊大な態度をとることが好きだというタイプの人間が世の中に多い、という証拠《しょうこ》のようなものでもある。嫌味な話だが、いわゆるいい大学を出ているとか、いい会社にいる人間に頭を下げられるほど、その種の成功者の喜びは膨《ふく》らむことになる。

実際には会社で「東大出ているけどダメね」といわれているような人間であったとしても、東大卒で一流商事会社の管理職の名刺を見せながら頭を下げれば、少なからず協力を得られるはずである。反対にフリーターの人間が頭を下げて「教えてくれ」といっても、なかなかそうはいかない。

つまり、会社の中でどれほどバカにされようとも我慢して居続ければ、肩書きを利用することができるのだ。これがベンチャーを起こす時にも役に立つという寸法だ。

ただし、誤解してはいけない。

時々、会社で偉くなり、その肩書きで独立しようとする人もいるけれども、それは愚の骨頂だ。会社での肩書きはあくまでも補助的に役立つものだということを忘れてはいけない。

どんなに偉い社長でも、辞めてしまえばタダの人である。それを会社にいた頃の感覚で、元の部下を相手に「キミキミ、新しく仕事を始めたから買いなさい」などとやってしまったら、当然、「ふざけるな!」、「あいつは威張《いば》っていて嫌な奴だ」ということになって、うまくいくはずもない。

ところが、反対に元部下に頭を下げて、「いやあ、買ってくださいよ。始めてみたら厳しいことがわかりました」と言えば、元上司だったことが有効に活かされるかもしれない。この人の言うことだからとりあえず聞いてやろうとか、そいつにペコペコされると気分がいいからとか理由はさまざまだろうが、「偉い人に頭を下げられるほど嬉しい」という人間の心理を突いたうまい作戦になる可能性があるのだ。

頭を下げるのはタダ

肩書きが上がれば上がるほど、偉くなればなるほど、頭を下げる価値も上がってくる。管理職だった中高年が、転職や再就職に際して敬遠《けいえん》されているとよく聞くけれども、もし私が雇用担当者だったら、「ある程度の肩書きがあって、頭を下げることを苦痛に感じない人を雇おう」と発想する。ペーペーが頭を下げにいくより、偉い人が頭を下げるほうが、どれほど効果的であるかを知っていれば、こう考えるのは当然だ。

たとえば小泉純一郎《こいずみじゅんいちろう》首相が、その政策を真っ向から批判している慶應義塾《けいおうぎじゅく》大学教授の金子勝《かねこまさる》氏に「いやぁ、竹中《たけなか》大臣のやり方ではうまくいきませんでした。やはり、あなたのいうことはおもしろいよ」といって頭を下げたら、あれだけ舌鋒《ぜっぽう》鋭く小泉批判をしていた金子氏も、翌日から「そう？　やっとわかってくれましたか」という話になるだろう。

首相のブレーンは、首相に「頭を下げる能力」さえあればいくらでも見つかるはずだ。肩書きとしては、とりあえず日本一の迫力がある。それが抜群にうまかったのが田中角栄《たなかかくえい》元首相であり、〝ブッチホン〟と呼ばれて人気が出た小渕恵三《おぶちけいぞう》元首相だ。ベンチャーの人なら孫氏やアスキーを作った西和彦《にしかずひこ》さんだった。

彼ら初期ベンチャーの人たちは、肩書きは何もなかったけれども、一様に「ジジイ殺し」などと陰口をいわれていた。懐に飛び込む行動力とともに、頭の下げ方が本当にうまかったのだと思う。

人間関係とは、どちらかが一方的に甘えたり、利益をもらおうと考えていたのでは成り立たない。教えてくれたり、協力してくれる人にも、有形無形の見返りが必要なのだ。ベンチャーを志《こころざ》す若い人に頭を下げられるのはうれしいし、万が一、その事業が成功したときには、金銭の見返り以上のものがある。

つまり「彼を育てたのはこの人だった」と、経営者として大きく見られるし、本人も「自分が育てた」と大きな満足感が得られるのである。

会社がうまく軌道に乗るまでの間は、肩書きがあろうとなかろうと「頭を下げるのはタダ」という発想でいくしかない。私自身も、ことヒデキ・ワダ・インスティテュートの営業に関しては、ペコペコと頭を下げ続けている。

著名企業の社長たちに「コンテンツには自信があるんですけど、営業というのは本当に難しいですね。助けてくださいよ」などと泣きついてみると、意外に親身になってもらえるものだ。もちろん、頭を下げておけばうまくいくというわけにはいかない。

私が同じように頭を下げても、「そんなチンピラの学者みたいな奴に商売なんかやられたらかなわんよ」と言う人もいれば、「とりあえず本もたくさん書いている偉い先生に頭を下げられた」と喜んでくれる人もいる。

「お金では協力できないけど、せっかく頭を下げに来たんだからお金持ちを紹介してあげよう」と、言われることもある。「一本電話しておくから」と言ってもらえたから会えるような人も多い。

すでに成功している人や賢い人は、自分が金を使わなくても相手に恩を売ることができる、と考えるものだ。「金を出してもらえないのに借りを作った」などと依怙地《いこじ》になるより、そこからチャンスをつかむ努力をしたほうが賢明だろう。

出資者もいろいろで、余計なことまで口を出してきて回収を急ぐ人もいれば、鷹揚《おうよう》に構えている人もいる。

これもまた「試行」である。いろいろな人に当たって、断られたら断られたで、今回の観察からまた次のやり方を考えればいい。人に対して頭を下げることは有形無形の価値を生む——このくらいの気持ちで頭を下げると、気持ちも相当ラクになるはずだ。

女性をうまく使える人は、高確率で成功する

「モテるために頑張りたい」というのは、世の中の男性には一般的な動機だし、欲望のはけ口のように女性を見ている男も決して少なくないわけだが、もっと賢い人は違う方向で女性を使っている。

「女性をうまく使う」のは二つの意味がある。

ひとつには、何かを売ったり勧誘したりするには、女性が動いたほうがうまくいく場合も多いということだ。飛び込み営業にまわるなら、汗まみれのむさ苦しい男性なら門前払《もんぜん》いされるところも、ミニスカートのスーツ姿の女性なら、話を聞いてもらえるというのが現実だ。鼻の下を伸ばした男が引っかかるといった下世話《げせわ》な話ではなく（確かにそういう

効果もあるだろうが)、女性のお客も安心する。

これを女性蔑視《べっし》だとか男の視点だなどと、目くじらを立てるのは勝手だが、商売では結果がすべてなのだから、「思わせぶりな態度」も含めて、できることは何でもやってみるべきなのだ。

もうひとつの意味は、女性がうまく使える人は、人の気持ちをつかむのがうまい。つまり、人間関係を作る力の「センサー」であるとも考えられるのだ。一般的にいって、女性のほうが人間関係に敏感なところがある。肩書きや、ときには仕事で扱っている商品よりも、ちょっとした気遣いが心を動かしたりする。

客先が中小企業の場合、「社長より奥さんに気に入られたほうが、仕事がスムースに進む」などといわれるし、「成績のいい社員は社内の女性からもウケがいい」という事実もある。

こうした意味で、女性を上手に使える人は、成功者になる確率が高いのである。

その際、「使う」といっても、命令通りに動かすことだと誤解してはいけない。

つまり、めちゃくちゃにモテる人間で、自分の言うことなら何でも聞くという女性を利用して、有力者の愛人にでもしてしまえば何でもできそうだが、それは小説の世界の話であって「大人の童話」である。実践しているなら、それはそれで大したことだとは思うけれども、現実問題としては難しい。

人間は、男女に関係なく「使われっぱなし」、「利用しっぱなし」だと、遠からず逃げていくものだ。お互いにギブ・アンド・テイクの関係が成立していないかぎり、最終的には離れていく。女性の扱いがうまい人を見ていると、さりげなくお土産《みやげ》などを渡しているし、彼女たちの働きに対して「ありがとう」と声をかけることを忘れない。

自分が得をしたら次は返そうというバランス感覚を持たないと、結果的に成功することはできないはずだ。

ギブ・アンド・テイクの関係は、「お金」だけではない、ということも認識しておきたい。

たとえば、ベンチャーの成功者など、自分が師事《しじ》する人が三人いれば、その人たちを引き合わせることができる。「もう一人おもしろい社長がいるんですけど、ぜひ会ってくださいよ」と紹介できれば、「ああ、割と人に好かれるやつなんだな」とあなた自身の評価も上がるかもしれないし、その社長があなたが紹介した社長に会ったことを喜んでいれば、お金じゃない価値をお返ししたことになるのだ。

「会社の金」で人間関係を作る

サラリーマンの強みは、会社の金で人間関係を作ることができる点だ。

とはいえ、今どき接待《せったい》で金をばらまいたりできるはずもないし、相手にも会社の金だとわかっているわけだから、それだけでは将来につながる関係にはならない。

少し回り道だが、会社の仕事の中でいろいろなことを「試行」してみることから、人間関係を作っていくのである。

どんな業界や職場にいても、「ここをもう少し変えればよくなるはずだ」と気がつくことはあるはずだ。つまり、会社の金で自分のアイデアを「試行」するのだ。

心の中では将来の独立のためと思いつつ会社の金で試していても、誰も汚いとは言わない。むしろ「あいつはアイデアマンだ」と社内での評価が上がるはずだ。たとえ成功確率が低くても、「あれだけアイデアを出せるのは大したもんだ」と言われるかもしれない。成功させていれば、独立する時に「あれをやった彼なら」と、周囲のほうが勝手に納得してくれるからおもしろい。

会社にいるうちに出資者を探したり、ビジョンを持って人間関係を作るほうが、はるかに有効だから、冒頭から述べてきたように、会社は絶対に辞めるべきではない。試行しているその過程で、会社の内外に評価してくれる人や、人脈が育つ。給料をもらいながら、経費を使って自分はリスクを取らず試行力を磨くチャンスなのだ。

「これはいけそうだ」というアイデアを思いついたら、会社には内緒《ないしょ》で自分でやってしまうという方法もある。つまりサイドビジネスとして、まずは試してみるわけだ。

会社での人間関係が良好で仕事もちゃんとやっていれば、サイドビジネスがバレても安全なはずだし、会社の経費で上司を接待したり女をあてがって根回しをしておくという生《なま》臭《ぐさ》い手もある。

これとは少し違うが、経費を猛烈に使うことで有名だったある編集者は、著名な作家に深く食い込んでいたから「経費を使いすぎるな」といわれたとき、その作家が「そんなケチなことというな」と逆に上司である編集長に電話をかけたという逸話《いつわ》もある。

要は、会社にいるうちに会社の金をできる範囲で使って、人間関係を良好にしておくことだ。

小資本ビジネスの原則は、バカげた借金をしたり、会社に辞表を出すなどして背水の陣で臨まないことである。

「辞めてやる！」と啖呵《たんか》を切ったとたんに、試行ができなくなってしまう。絶対に儲かる形で独立できる確信が持ててから、会社を辞めても遅くはないのだ。

自分が今いる業界で独立するのが一番ラク

起業するときに国民金融公庫から資金を借りようとすると、同じ業種での独立には金を貸してくれても、業種を変えると貸してくれない。

これは統計的に見ても、失敗する人が多いから貸せないという判断だろう。

まったく知らない業界に参入して、思いもよらない方法でいきなり成功したら傍目《はため》にはカッコよく映るけれども、やはり確率としては低い。今までしていた仕事と、まったく違う発想はなかなか難しいものだし、仕組みをわかっているなかで、改良したり新しい付加価値を付けていくほうがうまくいく可能性が高い。

ということは「自分は独立するのだから、今いる会社での人間関係はどうでもいい」と考えていたら、とんでもない間違いをしていることになる。今の会社はお客さんになるかもしれないし、仕事を回してもらえるかもしれない。それを考えたら、会社とケンカするほどバカな話はないことがわかるだろう。

ともあれ、不案内な業界では思わぬ失敗をする。

私のケースでいうと、社員研修業界をよく知らないままに、心理学による能力開発セミナーの値段を決めてしまったため、大企業にとっては高過ぎて、ほとんど買ってもらえないというひどいことがあった。もしスタート前から研修費用の相場を知っていたら、おそらく研修業は始めなかったと思う。一時間半の講演より、一日みっちり研修するほうが安いというのが現実だったのだ。

ところが、たとえばコンサルティング業界で著名なマッキンゼーの研修は非常に高価だ。マッキンゼーの人が独立して「半額でやります」といったら、私の会社で売れなかった値段で、まったく無名の人の研修が売れるかもしれない。

たとえ私のほうがより良いコンテンツを持っていて、それなりに知名度があっても、企業の人事部に正面から営業して、ボトムアップで採用まで漕《こ》ぎつけるのは厳しい。「元マッキンゼー」は、業界内の人脈や価格設定にアドバンテージがあるから、責任者に会ってトップダウンで決まる機会もあるわけだ。

自分の知っている業界の強みは、それまでに培った人脈をフルに活用できる点にある。経験の本質とは人間関係なのである。そのことを知った上で、知識やアイデアで、人間関係の差を埋める対処が必要になる。

たとえば、「元マッキンゼー」と私が組んで、「マッキンゼーの研修で日本の風土に合わない部分を心理学に基づいてグレードアップしたものだ」と、マッキンゼーの半額より少し高くして売る、といった発想だ。こうすれば、以前の研修で実績が上がっていないということや、その会社の研修予算まで知ることができるから、参入して戦える芽が出てくることになるわけだ。

未知の業界で成功するヒント

自分が知らない業界での独立も可能性がないわけではない。そこで働いたことはなくても、客として通い詰めている業界である。つまり自分が消費者であり、同時に経験者でもあることに着目するわけだ。

ラーメン好きの人のほうがラーメン屋を成功させやすいだろうし、食い道楽《どうらく》の人が開く店のほうが流行る可能性が高いこともうなずけるだろう。自分が客になった体験や生活の中で慣れ親しんでいることのほうが商売になりやすいということだ。

普通に考えると、掃除屋を始めるのは貧乏な人だろうと思うかもしれないが、掃除屋を頼んだことのあるようなリッチな人でないと、流行る掃除屋にはなれない。頼んだ人間は何が不満かと想像できて、この不満を解消できれば新ビジネスになると思えるかどうかで大きな違いがでるわけだ。

つまり、消費者としての経験、サービスを利用して不満に思った経験を生かすことである。

水商売も同じことがいえる。クラブに行ってホステスがあまりにも知性がないことに頭に来たのなら、「賢いホステスを集めたら儲かるんじゃないか」という発想をすることが大事だ。これもクラブで遊んだことがない人にはできないことだ。

先日、風俗に通い詰めている知人は、ホステスがスチュワーデス（最近はキャビンアテンダント＝客室乗務員というらしい）の格好をしたキャバクラにいったのだそうだ。最初は制服姿に「いいな」と思ったらしいのだが、よく考えてみると普通のキャバクラと変わらないうえにホステスの質も大したことはない。「制服だけじゃないか。これはつまらない」とこぼしていた。

彼は「エコノミークラス、ビジネスクラス、ファーストクラスと三つに分けた店はどうだろう」という。エコノミーは横に座ってくれるだけのレストラン、ビジネスは普通のキャバクラ、ファーストは男の欲望を満足させるピンクサロンだと、飛行機風俗のアイデアを語っていた。

キャバクラにさんざん通っていれば、不平や不満もいろいろある。その解決策や「こうだったらおもしろい」と考えていくはずだ。これも、働いたことはないけれども知っている業界なら可能性があるという好例なのである。

価格設定の高い業界を狙う

長年働いてきた業界であれ、新規参入であれ、ベンチャーを始めるにあたって、価格設定を知ることは絶対に必要である。と同時に、ダンピングされていないか、ひどい価格破壊が起きていないかも見極める必要がある。あまりに激しく価格崩壊が起こっている業界では、たとえ成功してもあまり儲からないからだ。「よく知っているつもり」でも、最新の動向をつかんでおくことは欠かせない。

たとえば最近の教育産業では、家庭教師の時給だけをみても、私が東大生だった当時の三分の一くらいに下がっている。二〇歳前後のころと同じ労力で同じ時間を働いても、三分の一の利益しか得られないのだ。高学歴のサラリーマンが副業として家庭教師の営業をしようにも「それ以上安くしますよ」という価格破壊はできない。

その点、便利屋さんが手がける掃除は意外に利益率が高い。

これは掃除業界大手のダスキンのお陰だと思うのだが、その高い値段設定に世間が納得《なっとく》しているフシがあるからだ。同じようにセコムも高額な料金を設定しているので、警備会社は価格崩壊を起こしていない。

そればかりか、金持ちの家に立て続けに泥棒が入ったり、殺されたりすることがあった時期には、警備員一人あたり一日一〇万円に近い有人警備も登場した。

私の知人に大金持ちがいるのだが、彼の弟さんが泥棒に入られた。しかも縛り上げられて「殺さないだけましだと思えよ」と目の前で包丁《ほうちょう》を突きつけられたことがあったらしい。それならばと有人警備を検討したところ、個人宅でありながら月に二〇〇万円かかるのだと聞いて驚いた。

ここまで価格設定が高ければ、価格破壊をしながら利益を出していく余地があるのではないだろうか。仮に「クオリティは変えずに一カ月一〇〇万円でやります」というところが出ればインパクトがある。

この料金だと二四時間を三万円で警備しなければならないので、かなりうまい方法で人を雇わなければならない。しかし、そこを隣と掛け持ちにするなどいろいろな方法論でクリアできればいいわけだ。

もともとの価格設定が高ければ、価格崩壊している業界ではできないことを、いろいろな方向で試してみることが可能なのだ。

儲け話には耳を傾けろ、切る必要のない人間関係は切るな

私は、切る必要のない人間関係は、あえて切らなくてもいいと思っている。

どんなにうさんくさそうな山師《やまし》であっても、人間関係を絶たなければいけなくなったときに、初めて切ればいいだけの話である。怪しい人物も遠ざけないでおくと、いつか何かで役に立つこともある。懐の深さがチャンスにつながるという発想だ。

うさんくさい人間は、よく「一攫千金《いっかくせんきん》の儲け話」を持ってくる。この手の、眉《まゆ》に唾《つば》して聞くような話を時間のムダだと敬遠してしまう人もいるけれども、私は聞く価値はあると思っている。最初から「騙《だま》してやろう」と狙ってくる詐欺でもなければ、そこから宝石みたいな話が転がり出てこないともかぎらない。アイデアはよくて儲かりそうだが、資金やコネがないという人もいる。

その儲け話には乗れなくても、アイデアがおもしろければ自分で少し工夫した形で試してみてもいいわけだ。聞くところまでは付き合っても、一円も損するわけでもない。

「だから、金を出してほしい」と切り出されたところで、「なんだ、金の話だったのか。そんな余裕などないよ」と言えばすむ。あるいは「この程度なら損してもいい」と思える金額だったら、乗ってみるという選択肢もある。これもまた「実験に向き合う精神」が根底にあるかぎりは、試行になるわけだ。

結局、うまく「甘えられる」人が成功する

これまで、起業する際の「人間関係術」についていろいろ書いてきたが、一人でビジネ

スを始めるにしろ、複数で始めるにしろ、「うまく甘えられる人」が成功するということを心に刻《きざ》んでおいて欲しい。

というのも、ビジネスというのは結局のところ「人間関係」で成り立っているわけで、どんなに画期的で独創的なアイデアを持っていたとしても、それを買ってくれるお客さんがいないと商売として成り立たない。

だからこそ、常日頃から、ギブ・アンド・テイクを忘れることなく、人にうまく甘えて、アドバイスやアイデア、新しい発想を得ることを心がけておきたい。これを心理学の世界では「相互依存《いぞん》」というが、いい「相互依存」の関係を複数持っている人は、それだけでかなりのアドバンテージを持っているといえる。

一人の人間の発想やアイデアには限りがあるし、そうそう独創的で新しいアイデアというものは見つからない。最近のベンチャー企業で成功しているところは、本当に独創的な事業をしているというより、これまでの盲点《もうてん》をついたような、いわば「潜在的欲求」を満たしているということが多い。「そういえばあると便利だよね」というような消費者の潜在的なニーズを掘り起こしているのだ。

潜在的なニーズを見つけるためには、多くの人の「頭脳」を借りて、自分の発想を広げたほうがいいに決まっている。

さらに、「これだ！」という事業が見つかって勝負を賭ける時には、協力者が不可欠なわけだから、普段から「人に甘えて利用する」という方法論で、人間関係術を学んでおく必要がある。

年収三〇〇〇万や、さらにその上の成功を目指すならば、「相互依存の人間関係」を幅広く作ることを、ぜひ、普段から心がけておいて欲しい。

（この作品『会社にいながら年収３０００万を実現する』は、平成十五年十一月、小社ノン・ブックから四六版で刊行されたものです）

一〇〇字書評

切り取り線

購買動機（新聞、雑誌名を記入するか、あるいは○をつけてください）

- □（　　　　　　　　　　）の広告を見て
- □（　　　　　　　　　　）の書評を見て
- □ 知人のすすめで
- □ タイトルに惹かれて
- □ カバーがよかったから
- □ 内容が面白そうだから
- □ 好きな作家だから
- □ 好きな分野の本だから

●最近、最も感銘を受けた作品名をお書きください

●あなたのお好きな作家名をお書きください

●その他、ご要望がありましたらお書きください

住所	〒				
氏名		職業		年齢	
Eメール	※携帯には配信できません	新刊情報等のメール配信を 希望する・しない			

あなたにお願い

この本の感想を、編集部までお寄せいただけたらありがたく存じます。今後の企画の参考にさせていただきます。Eメールでも結構です。

いただいた「一〇〇字書評」は、新聞・雑誌等に紹介させていただくことがあります。その場合はお礼として特製図書カードを差し上げます。

前ページの原稿用紙に書評をお書きの上、切り取り、左記までお送り下さい。宛先の住所は不要です。

なお、ご記入いただいたお名前、ご住所等は、書評紹介の事前了解、謝礼のお届けのためだけに利用し、そのほかの目的のために利用することはありません。またそのデータを六カ月を超えて保管することもありませんので、ご安心ください。

〒一〇一—八七〇一
祥伝社黄金文庫　書評係
☎〇三（三二六五）二〇八〇
ohgon@shodensha.co.jp

祥伝社黄金文庫

祥伝社黄金文庫　創刊のことば

「小さくとも輝く知性」――祥伝社黄金文庫はいつの時代にあっても、きらりと光る個性を主張していきます。

真に人間的な価値とは何か、を求めるノン・ブックシリーズの子どもとしてスタートした祥伝社文庫ノンフィクションは、創刊15年を機に、祥伝社黄金文庫として新たな出発をいたします。「豊かで深い知恵と勇気」「大いなる人生の楽しみ」を追求するのが新シリーズの目的です。小さい身なりでも堂々と前進していきます。

黄金文庫をご愛読いただき、ご意見ご希望を編集部までお寄せくださいますよう、お願いいたします。

平成12年(2000年) 2月1日　　祥伝社黄金文庫　編集部

会社《かいしゃ》にいながら年収《ねんしゅう》3000万《まん》を実現《じつげん》する　「10万円起業《まんえんきぎょう》」で金持《かねも》ちになる方法《ほうほう》

平成18年3月20日　初版第1刷発行
平成20年8月30日　　　第2刷発行

著者　和《わ》田《だ》秀《ひで》樹《き》
発行者　深澤健一
発行所　祥《しょう》伝《でん》社《しゃ》
東京都千代田区神田神保町 3-6-5
九段尚学ビル　〒101-8701
☎03(3265)2081(販売部)
☎03(3265)2080(編集部)
☎03(3265)3622(業務部)
印刷所　錦明印刷
製本所　明泉堂

ISBN4-396-31400-0 C0195

祥伝社のホームページ・http://www.shodensha.co.jp/